시들지 않는 꽃

시들지 않는 꽃
ⓒ 박갑순 2024

초판1쇄 인쇄 2024년 1월 25일
초판1쇄 발행 2024년 1월 30일

글쓴이 박갑순

펴낸이 김희진　　**표지디자인** 김보경　　**교정교열** 글다듬이집 대표 박갑순

펴낸곳 도서출판 Book Manager　　**주소** 전주시 완산구 메너머 4길 25-6
전화 (063) 226.4321　　**팩스** (063) 226.4330

전자우편 rongps@hanmail.net

출판등록 제1998-000007호

ISBN 979-11-92059-85-3
값 12,000원

· 잘못된 책은 바꿔드립니다.
· 이 책의 저작권은 저자와 북매니저에 있습니다.
· 작품의 무단 복제 및 전재를 금합니다.

시들지 않는 꽃

박갑순 제2 수필집

■ 책을 내면서

첫 수필집 묶고 8년 만이다. 마냥 설레서 날개 없이 하늘을 나는 것 같았다. 지금은 스스로 놀랄 만큼 차분하다. 그 책이 오십을 눈앞에 두고 들이닥친 풍파에 넘어지지 않기 위한 의지였다면, 이 책은 또 다시 몰아친 환란을 잘 이겨낸 나 자신에게 주는 포상이다.

초등학교 시절부터 문학소녀로 살아오는 60여 년 동안 절반은 고통과 시련의 강에서 허우적거렸다. 그럴 때마다 오뚜기처럼 다시 일어설 수 있었던 것은 순전히 글 덕분이다. 조용히 자신을 돌아보며 마음을 가라앉히고 깊이 생각하면서 한 줄의 글에 매달리다 보면 평온이 찾아온다.

그럼에도 나는 지금껏 문학적으로 아무것도 이루지 못했다. 누에로 치자면 나는 3령쯤 되었을까. 3령이 되면 특유의 무늬가 뚜렷하게 나타나고, 4~5령에서 가장 잘 자란다고 한다. 5령 말기가 되면 먹는 것을 중지하고 입에서 실을 토하면서 고치를 만들기 시작한다니 포기하지 않으면 언젠가는 반짝반짝 비단실을 뽑는 오령누에가 될 수 있을까. 다소 허황된 꿈일 수 있지만, 나는 글쓰기를 계속할 것이며 내가 온전한 나로 살 수 있게 힘을 주는 글에 대한 짝사랑은 영원할 것이다.

문단의 굵직한 위치에 계신 詩 선생님의 죽비 같은 말씀에 마음이 흔들렸지만, 용기를 내기로 했다. '앞에 낸 작품집보다 조금이라도 좋은 작품이 아니라면 또다시 묶지 않는 것이 낫다.'는 말씀에 전적으로 동감하지만, 매 맞을 각오로 묶는다. 분명 첫 수필집보다는 한 뼘이라도 좋아졌을 거라 믿으면서.

단 몇 편이라도 첫 수필집보다 낫다는 메아리가 들려오기를 고대한다.

2024년 1월

박갑순

책을 내면서 · 4

01 아버지를 만나다

받침 · 12

별빛 여행 · 16

옥상 텃밭 · 21

엄마와 청바지 · 25

고들빼기 · 29

가이드 이멜다 · 33

다듬다 · 37

아버지를 만나다 · 41

선한 중독 · 45

곶감이 달다 · 49

숲 · 53

02 보이지 않는 그림

스파티필룸 • 58

보이지 않는 그림 • 62

낙엽 쓰는 남자 • 66

부부 • 70

공원에서 • 74

세신사와 나 • 78

마부 439 • 82

명절 단상 • 86

병실 소동 • 90

기웃거리다 • 93

사과 • 97

03 왼손 엄지손가락

산은 그대로 푸르고 • 104

시들지 않는 꽃 • 108

왼손 엄지손가락 • 111

지팡이 • 115

뒷바퀴 • 119

마늘 까는 여자 • 123

십 분 • 127

그녀의 캘리그라피 • 131

역 • 136

사진사 종수 • 140

고향 편지 • 143

04. 어머니는 부재중

연장 탓 • 150

새집 • 154

냄비 • 158

분리수거 • 162

인생 속도 • 166

어머니는 부재중 • 170

지푸니 • 174

변便에 대한 변辯 • 178

파산 • 182

듣기 민망한 그 말 • 186

십승지 몽유부안도 • 190

01

아버지를 만나다

받침

　아무리 봐도 꽃이다. 빨강 바탕에 테두리까지 활짝 핀 꽃잎 모양이어서 볼수록 이국의 정취가 물씬하다. 자세히 보면 꽃술처럼 점점이 박힌 파랑의 작은 동그라미가 냄비 받침을 더 돋보이게 하는 것 같기도 하다. 푸른빛이 무언가 알 수 없는 그림에 관해 이야기하는 듯 간간이 찍힌 것이 강하게 마음을 붙잡는다. 모처럼 차 한 잔의 여유를 누리려니 냄비 받침이 시선을 잡아끈다. 아침 햇살에 더욱 선명하게 보이는 색이 마네의 그림을 보는 듯하다. 빨강이 차지한 면적이 훨씬 큼에도 왜 파랑이 마음에 꽂히는지는 모르겠다.
　어쩌면 이것을 고른 분도 평소 파랑을 좋아하셨을 것만 같다. 그동안 한 번도 그분이 선호하는 빛깔에 대해 생각해보지 않았다. 타인의 취향까지 안다는 것은 상대에 관한 관심일 터인데, 생각해보니 교수님에게 일방적으로 받기만 한 것 같아 새삼 죄송스럽다. 이 아침 나를 회상에 젖게 하는 이 냄비 받침은 지금은 고인이 되신 오 교수님께 선물 받은 것이다.

교수님과의 인연은 15년 전으로 거슬러 올라간다. 전주에 있는 출판사에서 편집일을 하면서 처음 뵈었다. 주변에서는 이미 실력 있는 작가로 평판이 나 있었지만 나와는 특별한 연이 없었기에 멀리서 바라보는 정도의 관계였다. 그러던 중 교수님과 막역하신 김 선생님께서 타향살이를 마치고 전주에 보금자리를 만들어 자리잡은 후부터 관계의 간격이 조금씩 좁혀졌다.

김 선생님은 나와 같은 부안 출생이셨고, 나의 질곡의 삶을 아신 후부터 분에 넘치게 나를 아껴주셨다. 그래서 가끔 오 교수님과 식사나 차를 마실 기회를 얻었다. 그렇게 조금씩 가까워진 오 교수님은 평생 교직에 몸담으셨다.

천성이 따뜻하여 학창 시절에도 그분의 도움을 받지 않은 친구가 없을 정도였다는 말씀을 전해 듣기도 했다. 타고난 본성 때문이었을까. 평생 집 한 채 당신 이름으로 등기하지 않고 주변 챙기기에 여념이 없었던 교수님이 이 아침 더욱 그립다.

그 존재를 드러내지 않지만 뜨거운 냄비를 놓을 때는 반드시 있어야만 하는 냄비 받침 같던 분이었다.

어느 날 오 교수님께서 평론집을 발간하기 위해 내가 일하는 출판사에 오셨다. 그래서 내게 교정을 볼 기회가 주어졌다. 종일 활자와 씨름한 눈을 쉬게 하고 보호할 마음으로 근무 시간 외에는 독서를 못 하고 지내던 터에 교수님의 저서를 통째로 읽을 기회가 주어졌으니 큰 행운이기도 했다.

꼼꼼히 최선을 다했다. 중간에 원고를 삽입하기도 수정하기도 하셨는데 연세 드신 분치고 오탈자, 맞춤법, 띄어쓰기에 별로 잡아낼 데가 없었다. 재교가 끝난 뒤 교정지를 묶어 드리며 혹 마음에 들지 않는 부분이 있으면 말씀해주십사 여쭈었지만, 박 선생이 봤으면 되었다고만 하셨다. 무조건 믿어주시는 그 마음에 보답하고자 더욱 정성을 다했다.

그렇게 일로 시작된 연은 교수님을 가까이 접하면서 존경심으로 발전하게 되었다. 내가 위암 수술 후 전주 근교 요양병원에서 투병할 때 그곳까지 오셔서 위로해주었는데 얼마지 않아 교수님도 폐암 판정을 받았다. 잘 치료하여 건강이 회복되어 갈 무렵 나는 전주 생활을 정리하고 광명에 새 둥지를 틀었다. 그 후 또다시 유방암에 시달리는 동안 교수님도 병세가 급속하게 나빠지셨는데 내 병 치료에 전념하느라 제대로 문병 한 번 하지 못했다.

교수님은 와병 중에도 오히려 나를 더 염려하며 지인을 통해 마음을 전해주셨다. 참 정이 많고 따뜻한 분이셨다. 감사 전화를 드렸다. 표적 치료 끝나면 꼭 찾아뵙겠노라 약속했는데 표적 치료 끝나기 한 달 전에 천국으로 가셔서 마지막 가시는 길도 지켜드리지 못했다.

제자의 인연도 동향의 인연도 아니었는데 더욱이 여행가실 때 여비를 보태드린 것도 아닌데 냄비 받침을 사 오셨다. 나를 생각하며 한참을 골랐을 마음을 생각하며 아까워서 잘 모셔두었으나 얼마 전부터 황망히 떠나신 교수님 뵙듯 가장 애용하는 주방용품이 되었다.

기하학적 문양의 터키산 냄비 받침은 재질도 도자기처럼 무게감이 있다. 식탁 위에 올려놓은 것만으로도 주방이 화사해진다. 구부러지거나 쉽게 이리저리 밀리지 않아서 좋다. 시류에 편승하지 않고 올곧게 자신의 길을 걸으셨던 교수님 품성을 닮았다. 자신을 드러내기보다 상대를 높이고, 언제나 겸손하면서도 학문에서는 단호하셨던 교수님 같다.

다른 물건이 상처 입지 않도록 자신이 중간에서 그 열을 다 흡수하고 앉아 있는 냄비 받침을 볼 때마다 '나는 살 만큼 살았지만, 박 선생은 어서 건강해져야지.' 했던 교수님의 목소리가 들리는 듯하다.

바닥에서 존재를 드러내지 않고 묵묵히 열을 받아내는 냄비 받침처럼 살라는 교수님의 가르침이 찻잔에 담겨 더욱 그윽해지는 아침나절이다.

별빛 여행

비설거지를 마친 밤하늘이 이마가 닿을 듯 가깝다. 투명하게 어두운 밤. 낯선 고장에서 별들과 밀회를 즐기고 있다.

영월군 상동읍 선바위길 800고지에 터를 잡은 그녀는 만날 때마다 새로 지은 집에 들인 감각적인 가재도구들보다 별빛 지붕을 자랑했다. 불빛을 모두 몰아내고 나면 소나기를 피해 처마 밑으로 뛰어드는 아이들처럼 별빛 몰려오는 소리를 듣곤 한단다.

오랜 도시 생활에 지쳐 노후를 보낼 아늑한 산자락 순례를 시작한 지 3년여 만에, 잡풀 우거진 땅이 보석처럼 그녀의 마음을 사로잡았다. 풍광에 반해 집 지을 땅이라고 상상할 수도 없는 땅을 사놓고 간간이 그곳으로 나들이했다. 어느 날, 영화를 촬영하는 것 아닌가 싶을 정도로 큰 카메라를 설치해 놓고 몇몇 사람들이 웅성거리는 모습과 마주했다.

"이곳은 우리 땅인데 여기서 무엇들 하시는 거죠?"

별 사진 전문가들이 모여들었던 것이다. 우리나라에서 별 사진 잘 찍히는 3위의 장소라고 했다. 훗날 그들이 찍은 별 사진을 액자로 만들어 주어서 그녀의 집에는 낮에도 방안에 수많은 별이 떠 있다.

그녀의 집 안팎에 뜨는 별을 보기 위해 장거리 여행을 감행했다. 출발할 때부터 일기가 고르지 않아 걱정했는데 목적지에 도착할 무렵 장대비가 쏟아졌다. 구불구불 산길을 아슬하게 오르는 동안 안전띠를 점검하고 힘줄이 불거질 정도로 손잡이를 움켜쥐었다. 별을 만나겠다는 희망은 비에 젖어 체념한 채.

그녀는 시원한 계곡 물소리를 지척에서 들을 수 있는 정자에 공간을 마련해 놓고 있었다. 주민이 함께 사용하는 정자를 맡기 위해 아침부터 나와 있었다고. 한쪽에서 옥수수를 삶고, 한쪽에선 전을 부치고, 또 다른 쪽에서는 삼겹살을 구우니 금세 잔치마당이 되었다. 비가 처마 안쪽에 벗어놓은 신발까지 들이치거나 말거나 진한 초록빛 흥이 올랐다.

어느새 비는 잠잠해지고 성격 급한 산속 어둠을 피해 집으로 자리를 옮겼다. 입구에 세워진 '미녀와 야수가 살고 있어요.'라는 문패가 그 집에 사는 사람을 아주 잘 표현했다는 느낌이 들었다. 아직 가라앉지 않은 여흥처럼 내리는 잔우殘雨를 피해 테라스에 와인 잔이 놓였다. 비구름이 감추고 보여주지 않으니 우리가 별이 되기로 하는 순간 비가 멎었다.

야수가 마당으로 나가서 팔을 높이 들었다. 밤마다 저렇게 별을 불러모았던 것일까. 별이 오고 있어? 야수는 동작 빠르게 집 안의 불빛을 지웠다.

일제히 일어나 마당으로 내려섰다. 고개를 뒤로 젖히고 한없이 희미하게 돋아나는 별을 보니 어릴 적 여름밤 멍석에 누워 보던 별빛이 보였다.

발치에선 모깃불이 매캐한 연기로 모기를 쫓아주고, 엄마는 머리맡에서 쉬지 않고 부채질을 해주었다. 자연 시간에 배운 별자리를 찾기 위해 작은 눈을 하염없이 굴리던 날로 돌아간 듯 평균 나이 60대 중반이 넘는 여인 다섯이 목청을 높였다. 환호성을 지르며 손을 뻗어 별을 헤아리는 동안 야수는 돗자리를 가져다 물기 마르지 않은 마당 잔디 위에 펼쳤다.

모두 약속이나 한 듯 벌러덩 누워서 수많은 별에 환호했다. 별들도 일제히 숨을 죽이고 우리의 눈동자 가득 별빛을 내려주었다. 우리가 별을 보는지 별이 우리를 보는지 분간할 수 없는 순간 별이 끝없이 폭죽처럼 돋아났다. 야수가 집 옆 가로등으로 달려가 스위치를 내렸던 것이다.

어둠이 완벽하게 빛을 지운 후에야 깊은 곳의 별까지 볼 수 있다는 것을 알았다. 어두운 밤길을 밝혀 목적지에 도착할 때까지 친구가 되는 가로등이 별빛을 가로막는 훼방꾼이었다니.

내가 옳은 일이라는 판단으로 세운 가로등 같은 아집 때문에 누군가는 저 많은 별을 보지 못했을 수도 있었겠다는 생각이 별처럼 가슴에서 돋아났다. 내 안에 꺼야 할 가로등은 몇 개나 될까. 아무 때나 불빛을 켜고 있는 가로등은 없을까.

엄마는 내 삶을 환하게 밝혀주는 가로등이었다. 당신이 켜고 있는 빛을 내게 밝혀주기 위해 사소한 일에도 깜박이는 빛처럼 잔소리했다. 어머니로부터 물려받은, 때로는 쓸모없을 수 있는 가로등은 정도正道를 걸으라는 신념이었던 듯싶다. 그 빛 안에서 길든 나는 그 규범을 조금도 벗어날 수 없게 좁아진 시야 때문에 타인에 대한 공감이 적었던 것 같다. 내가 가지고 있는 생각이 상식이라고 우기는 경우가 종종 있었다. 내게는 상식이지만 타인에게는 비상식일 수도 있다는 생각을 볼 수 없었던 것은 아무 때나 켜져 있는 가로등 불빛 때문이 아니었을까.

수많은 별이 각각의 모양으로 누구의 간섭도 받지 않고 자유롭게 유영하고 있다. 의도치 않았지만 내 안에 세워진 가로등이 누군가에게 밝은 별을 보지 못하게 하는 방해꾼이 될 수도 있었겠다. 타인뿐 아니라 나 자신 사유의 폭마저 넓힐 수 없게 억압하고 간섭한 가로등이다. 스위치를 꺼야 할 때 끄지 않은, 어설프게 환한 가로등 불빛으로 영롱한 별빛을 차단하며 살지는 않았는지 점검하고 있다. 북두칠성을 보고 북극성을 찾아보는 내내 내 안에 갇혀 뻗어 나가지 못한 별들까지 보느라 눈동자를 두 배로 키워야 했다.

그토록 많은 별을 그렇게 가까이서 볼 기회는 두 번 다시 오지 않으리라는 생각에 야외에서 밤을 지새우고 싶었다. 그러나 가끔 멧돼지가 출몰하기도 한다는 미녀와 야수의 성화에 방안의 별을 보며 잠을 청했다. 꿈속에서도 끄지 않은 가로등이 별빛을 흐리게 했다.

옥상 텃밭

그녀의 텃밭에서 거둔 것들마다 내 식탁으로 왔다. 여름내 고추, 파, 가지, 호박이 올라왔다. 오늘은 가을걷이했다며 배배 꼬인 채 영근 가지와 좀 뻣뻣해진 실파와 작고 예쁜 고구마와 고춧잎 삶은 것이 왔다.

삼 년 전 나는 삶의 터전을 옮겼다. 제2의 인생 출발을 위함이었다. 강한 빛에 타버렸거나 가뭄에 쩍쩍 갈라진 논바닥이거나 병충해에 속수무책 시들어버린 내 삶에 촉촉한 단비가 돼주겠다는 그를 따라 옮겨 앉았다. 사랑의 씨가 썩어 흩어진 줄 알았던 인생 밭에 늦었지만 적당한 가을걷이를 기대해도 좋을 만큼 싹이 움텄다. 그 사랑을 따라 이식된 광명에서 만난 지인은 옥상 텃밭을 가꾼다.

건강할 때는 먹거리에 무신경했지만, 이제는 내 삶에서 가장 조심하고 신경을 써야 하는 부분이 섭생이 되었다. 대형 마트에 가면 언제라도 구할 수 있는 싱싱하고 모양도 매끄러운 채소들이 때깔도 좋게 쌓여 있다. 직접 가꿔 먹을 텃밭이 없는 나는 그것 중 유기농으로 재배했다는 것들을 골라 사 먹는다. 유기농이라지만 백 퍼센트 믿지는 않는다. 그래도 달리 방법이 없으니 그나마 내가 할 수 있는 최선이다.

지인의 옥상 텃밭은 많은 돈을 들여 꾸미지 않았다. 팔순의 노모가 지키는 오래된 5층 건물 옥상에 다른 집에선 이미 폐기되었을 노란 대형 물탱크를 반으로 잘라 만든 소박한 밭이다. 한쪽에선 예쁜 꽃들도 자란다. 정겨운 모습이었다. 품팔이를 해서 한 푼이라도 벌어야 했던 엄마가 아침저녁으로 틈틈이 가꾸던 텃밭을 닮아서 좋았다. 한쪽에는 시들어가면서도 영역을 넓히는 풀들이 우거져 너저분해 보였지만 지인이 얼마나 열심히 바쁘게 사는지 알기에 가슴이 먹먹했다. 얼기설기 올린 지주 위로 노란 꽃을 밀어 올리는 호박 덩굴을 보자니 타임머신을 타고 어린 시절로 돌아간 듯싶었다.

옥상 텃밭에서 자란 채소는 유기농을 넘어 자연이 기른 것이다. 햇빛과 바람과 비 그리고 주인의 정성이 버무려진 건강한 먹거리다. 제초제처럼 독한 약을 쓰지 않기에 소득 일부분을 벌레와 나누어 먹는다.

게다가 텃밭 주인은 요리사다. 텃밭에서 자란 채소를 줄 때마다 나는 감동하지 않을 수 없다. 바로 무치거나 볶기만 하면 되게끔 깨끗이 손질하여 줄 뿐만 아니라 맛있게 건강하게 먹을 수 있는 요리법까지 일러준다. 그러면서도 늘 실하지 않고 모양 없는 것을 주어서 미안하다고 한다. 텃밭에서 기른 것뿐 아니라 작은 것이라도 살뜰하게 챙겨주는 그녀는 하늘이 내게 보낸 천사다.

식물도 주인의 성품을 닮는 것일까? 그녀가 주는 먹거리는 순수 그 자체이다. 인공의 맛이 가미되지 않은 햇살 한 줌, 바람 한 조각을 먹는 듯 참 건강한 맛이다.

오늘은 그녀의 레시피대로 가지를 찜솥에 그냥 쪘다. 간장 소스를 만들어 살짝 뿌려 먹으니 가지 본연의 맛이 느껴진다. 도라지무침도 냉장고에서 오래되어 손이 가지 않는 사과를 넣으라는 말대로 했더니 새콤하니 맛있다. 그녀 덕분에 재료 본연의 맛을 내는 재미를 느끼는 나를 보며 남편은 서당 개 삼 년이면 풍월 읊는다는 말처럼 요리사 곁에서 삼 년 살면 요리사가 되지 않을까 기대하는 눈치다.

오십 중반을 바라보는 나이에 삶의 터전을 옮겨 낯선 땅에 뿌리를 내리는 일은 쉽지 않았다. 어릴 때는 새로운 세상에 대한 동경으로, 젊을 때는 건강과 젊음을 무기로 어찌어찌 뿌리를 내려 꽃도 피우고 열매도 맺을 수 있을 것이다. 그러나 중년의 나이에는 무리한 도전일 수도 있었다. 그녀를 포함한 많은 따뜻한 사람들의 부축이 없었다면 나는 아직도 이식된 나무에 설치해야만 하는 지지대를 붙들고 있었으리라.

　3년이 넘어가는 지금 내 터는 태풍 링링의 반란쯤은 견딜 만큼 단단해졌다. 새엄마에 대한 거부감 없이 잘 따라주는 아들딸이 고맙다. 나의 텃밭에서 자라고 있는 그들에게 작물은 농부의 발소리를 듣고 자란다는 말처럼 나의 사랑의 발소리를 들려주어 튼실한 열매가 되도록 해야겠다.

　주말엔 303호 텃밭에 가서 가을 햇살을 들여놓고, 돌은 골라내고, 잡초는 뽑아내고, 두툼하게 복토를 해 겨울 채비를 해야겠다.

엄마와 청바지

 데님 재질 옷을 입고 종종거리는 푸들의 뒤태가 앙증맞다. 견주는 무릎 위가 찢어진 청바지를 입고 뒤따르고 있다.
 영달말 공원엔 애완견과 산책하는 인파가 많다. 그들의 한 손엔 강아지 목줄이, 다른 손엔 변 봉투가 들려 있다. 이미 한 가정의 막내로 족보에 오른 강아지들은 부모의 개성이 묻어나는 옷을 입고 있다. 간혹 신발을 신고 어색하여 폴짝거리는 강아지를 보며 폭소를 터뜨리는 사람도 있다.
 뜨개옷을 입은 가로수 사이 데님 옷을 입은 나무를 보았을 때도 마음이 흔들렸었다. 푸른 물이 떨어질 듯 맑은 하늘 아래 줄지어 선 나무들이 패션쇼를 하듯 다양한 옷을 입은 행사장에서 한 나무가 고무줄이 헐거운지 청바지를 꼭 움키고 있었다. 그 나무 곁에서 한

참 넋을 놓은 적이 있다. 남녀노소 가리지 않고 즐겨 입는 청바지니 동물이나 나무라고 못 입을 것도 없겠지. 청바지를 입은 성경책을 본 적도 있다.

　청바지는 고된 작업을 하는 광부들의 질기고 튼튼한 작업복으로 출발하였으며, 지금은 전 세계에서 손꼽히는 패션 아이템이다. 아무렇게나 입어도 멋스러운 옷이다. 단순하지만 세련된 느낌을 주고 상황에 맞게 코디하여 다양한 분위기를 연출하기 쉽다. 어떤 상의를 받쳐 입어도 잘 어울린다. 오래 입어 무릎과 엉덩이가 나와도 최대한 형태를 유지하며 멋을 살려준다. 단합된 마음을 표출하기 위한 단체복으로 입기에도 적당하다.

　내게 청바지는 대물림하는 옷이었다. 동네 부잣집 언니의 옷은 작아지면 으레 내게로 왔다. 아무리 오래 입어도 해지지 않으니 그 옷은 다시 동생이 입었다. 청바지는 남녀 구분 없이 입을 수 있으니 새 옷을 사줄 수 없는 엄마에게는 전천후였다. 티셔츠는 오래 입으면 목 부분이 늘어지거나 색이 퇴색하였지만, 청바지는 입을수록 자연스러운 색상이 되고 형태도 몸에 착 맞게 자리를 잡았다. 낡은 청바지 하나로 학창 시절을 보냈다. 어려운 살림을 꾸리는 엄마 앞에서 청바지처럼 투정도 수수해졌다.

　다른 옷을 입고 싶은 마음을 꾹꾹 누르면서 성장기를 보낸 탓일까? 성인이 되어서는 청바지를 즐겨 입지 않는다. 그러나 오래전 입었던 청바지는 여전히 장롱을 지키고 있다. 내게 청바지는 엄마와 동의어이기 때문이다.

　엄마의 삶은 평생 여자로서의 생활은 없었다. 어린 시절 화장품이 놓인 화장대는 티브이 연속극에서나 보았다. 스킨 로션 한 병 없는 엄마의 애장품은 반짇고리뿐이었다. 무엇을 먼저 발라야 할지 난감할 정도로 다양한 화장품이 화장대에 그득한 내 삶을 돌아보게 한다. 엄마는 일바지 차림에 장화를 신고 논밭으로 내달리다가도 외출할 일이 있으면, 깨끗이 씻고 정갈하게 빨아놓은 옷을 입으면 그만이었다. 화장기 하나 없어도 꾸민 듯 안 꾸민 듯 멋스러운 청바지처럼….

　요즘 탄소중립을 실천하는 사람들은 청바지의 새활용을 이끌고 있다. 유행이 지났거나 크기가 맞지 않는 청바지를 활용하여 파우치, 손가방, 키링, 모자, 앞치마 등등 다양한 물건을 만들어 나눈다. 그리고 보면 엄마는 이미 오래전에 새활용을 생활화했던 분이다. 밤새 침침한 불빛 아래서 대를 물려 막내까지 입고 난 낡은 청바지 실밥을 뜯었다. 주머니 안감까지도 버리지 않고 사용했다. 교실 바닥에 초를 칠하고 닦을 때 사용하는 걸레나 실내화 대신 덧신을 만들어주었다. 데님의 견고한 질감은 마른걸레나 덧신으로 더할 나위 없었다. 그리고도 남은 천 조각은 잘 보관했다가 아빠 작업복을 깁는 데 사용했다. 버릴 게 없는 청바지처럼 엄마의 삶에서 버릴 것은 아무것도 없었다.

　하지만 정작 당신은 청바지를 한 번도 입어보지 못했다. 젊어서는 자식들 뒷바라지하느라 당신 옷 한 벌 장만할 여력이 없었고, 나이 들어서는 일바지에 길들여진 체형에 거북했으리라.

어느 날 동네 어르신들끼리 여행을 간다기에 청바지를 사다 드린 적이 있다. 평소 입지 않던 옷이라 좀 망설여졌지만, 더 나이 드신 분들도 즐겨 입는 모습을 보고 결정했다. 신축성이 있고, 통도 넓은 디자인으로 골랐다. 흔쾌히 입고 거울 앞에서 수줍은 소녀처럼 앞뒤를 살피던 엄마의 모습이 지금도 생생하다. 하지만 엄마는 그 옷을 한 번도 입지 않았다는 것을 유품을 정리하면서야 알았다. 남겨진 흔적들 속에 청바지가 정갈하게 간직되어 있었다.

계절이 바뀔 때마다 오래된 옷들은 버려야지 하면서 다시 구석에 잘 접어놓는 유일한 옷이 청바지다. 어렵고 힘든 삶이었지만, 견고하고 단단한 청바지 같은 삶을 살다 가신 엄마를 버릴 수 없다.

엄마 가신 지 1년 반. 엄마가 생각날 때면 공원으로 나가는 버릇이 생겼다. 나뭇잎을 흔들고 가는 바람 속에서 엄마를 찾다 보면 어느새 석양이 어둠을 데려오고 나는 청바지 차림 엄마의 손을 잡고 집으로 가는 상상을 한다.

고들빼기

　고들빼기김치가 먹음직스럽다. 제법 맛있게 담가졌다. 한 접시 나누어 주는 일이 번데기 앞에서 주름잡는 일은 아닐까 염려스러웠지만, 출장요리사인 지인에게 맛을 보였다. 지인은 샐러드 같기도 한 것이 색다른 맛이라며 엄지손가락을 치켜세웠다. 나이 들어 전업주부로 살면서 조금씩 늘어가는 음식 솜씨에 혼자 감탄할 때가 있다.

　2년 전 독서 모임 후배와 도심 변두리 식당에서 점심을 먹었다. 식후 시골 정서가 묻어나는 산책길에서 후배를 통해 처음 알게 된 수고들빼기. 집중력이 부족해선지, 식물에 대한 애정이 부족해선지 나는 쑥 말고는 다양한 나물을 구별하지 못한다. 봄에 땅에 착 붙어서 자라는 고들빼기도 내 눈에는 잘 보이지 않는다. 같이 쑥을 캐다가도 지인은 종종 고들빼기를 한 주먹씩 캤다. 주변 흙을 잘 파서 뿌리가 상하지 않게 캔 향긋한 고들빼기를 보면 부럽기까지 했다. 봄의 나물들은 대개 모양이 비슷해서 고들빼기를 캐는 일은 아예 포기해야 했다. 독풀을 뜯을까 두려워서 쑥 외에는 캘 생각을 하지 않는다. 고들빼기를 한 뿌리도 캐지 못하는 내가 안쓰러웠던지 지인은 고들빼기를 조금 나눠주었다. 인삼 한 뿌리 먹은 것처럼 건강하고 알싸한 맛이었다.

수고들빼기는 분간이 쉬울 뿐 아니라 여름 내내 따 먹고 가을 무렵까지도 먹을 수 있어 애용하는 나물이다.

지난해 무더운 여름날 운동 삼아 도심지 논밭 길을 지날 때였다. 밭둑에서 수고들빼기가 군락을 이루고 있었다. 수고들빼기는 상춧잎을 따듯 따면 되기에 도구가 필요 없다. 생각지도 않은 선물을 받은 듯 마음이 설렜다. 작은 가방이 금방 고들빼기 잎으로 불룩해졌다. 쌀뜨물보다 진한 액이 나와 손에 묻었다. 어릴 적 고구마를 깰 때 진갈색으로 변했던 손가락이 되었다. 집에 오자마자 김치를 담고 연한 것은 상추처럼 쌈을 싸 먹었다.

올해도 추운 겨울이 시들해지고, 새봄이 꿈틀대기 시작할 무렵부터 고들빼기를 생각했다. 봄꽃이 다 지고 난 뒤 수고들빼기를 찾으러 나섰다. 지난해 갔던 곳으로 가보니 부지런한 사람들이 다녀간 뒤였다. 내가 가꾼 것도 아닌데 괜히 섭섭했다. 어딘가에는 있을 것이라는 생각으로 일직동 수변공원으로 갔다. 그곳에 반가운 고들빼기가 있었다. 누군가 한바탕 따간 흔적이 있었지만, 나를 기다리기라도 한 듯 새잎이 나와 있었다. 살포시 비가 내리고 있어서 남편은 우산을 받쳐주고 나는 열심히 뜯었다.

입에 쓴 것이 몸에 좋고, 귀에 쓴 말이 약이 된다는 친정엄마의 말씀을 듣고 자라서일까. 부러 단맛을 멀리하고 쓰디쓴 고들빼기를 보약처럼 먹는다.

입맛뿐 아니라 마음에도 단물에 길들었다는 사실을 확인한 적이 있다. 몇 년 전 친구들과 해외여행을 갔다. 저녁을 먹고 숙소에서 이런저런 이야기를 하던 중, 한 친구가 말했다.

"너는 말을 너무 직설적으로 하는 경향이 있어. 그래서 네 인생이 힘들어진 것 같아."

곰곰 생각해보면 아주 많이 틀린 말도 아니었는데 그 말이 몸속으로 들어오는 순간 어찌나 쓰고 맵던지. 올라오는 거부 반응을 억제하기가 무척 힘들었던 기억이 있다. 생각이 나지 않지만, 그동안에도 주변에서 많은 사람이 쓴 약 같은 말을 해주었을 것이다. 그럴 때마다 몸의 병을 고치기 위해 쓴 약을 감사하며 삼키듯 그들의 말을 달게 받아들였더라면 내 삶이 조금은 가볍지 않았을까. 쓴 고들빼기김치를 즐기면서야 깨닫는다.

한 해 두어 차례 고들빼기김치를 담가 먹어야 보약 한 재를 먹은 듯 몸과 마음이 든든해진다. 단맛에 친숙한 내가 건강을 잃어보지 않았다면 한 젓가락도 먹지 않았을 것이다.

쓴 말을 듣는 순간은 고들빼기를 처음 먹었을 때처럼 목에 걸려 기분이 영 씁쓸했다. 다음 날 일정 동안에도 털어버려야겠다고 다짐을 해도 어딘지 개운치 않은 마음이 남아 찜찜했다. 그러나 쓴맛에 익숙해지면서 친구가 먹여준 쓴 약의 덕을 보고 있음을 느낀다. 누군가에게 하고 싶은 말이 있어도 한 박자 쉰 다음 속에서 좀 매끄럽게 다듬은 후 하는 습관이 붙었다. 아직도 약효가 완전히 발휘되지는 않지만, 언제나 쓴 약을 먹었던 그 순간을 기억하며 약값을 하며 살려고 노력한다.

한 뼘 더 성숙해질 마음의 건강을 위해 가을이 오기 전 고들빼기 김치를 한 번 더 담가야겠다.

가이드 이멜다

"반갑습니다. 3박 4일 동안 여러분과 함께할 백은영, 영어 이름은 이멜다입니다."

붉은 염색 머리를 길게 늘어뜨린 오동통하고 이목구비 또렷한 삼십 대 중반의 여인이 첫 만남에서 반갑게 웃으며 인사를 건넸다. 그녀는 필리핀에서 6년째 사는 한국인이다. 여행사 직원으로 필리핀에 온 우리나라 여행객을 안내하는 일을 한다. 필리핀이라는 나라를 사랑하고, 그 나라 국민을 진정으로 아낀다고 했다.

그녀는 우리나라에서 일어나는 정치, 경제, 사회, 문화 전반에 대해 훤히 알고 꽤 의식 있어 보였다. 매일 신문과 뉴스를 접하지 않으면 알 수 없는 시사성이 강한 내용에 대해서도 비교적 소상히 알고 있었으며 당당하게 소신을 밝혔다. 광주가 고향이라는 그녀는 가끔 수위를 넘는 정치적 발언을 하기도 했다.

6년 전 2월 말, 필리핀에 갔었다. 일상의 공간을 벗어나는 것만으로도 설레는 내게 첫 해외 나들이는 구름 위를 걷는 듯 황홀했다. 화선지에 한 방울의 먹물이 떨어져 속절없이 번져나가듯, 처음 대하는 모든 것들이 가슴으로 거침없이 스며들었다.

우리나라 60년대 시골처럼 낙후된 마을에서 맨발로 뛰쳐나와 달러를 외치는 소년들의 눈물 그렁한 눈망울, 도로를 느리게 달리는 누더기 차 지푸니, 오토바이를 변형시킨 드라이시클 등은 가난한 나라의 표상 같았다. 지구에서 살아가는 모든 사람이 최소한의 생활을 보장받으며 살 수는 없는 것일까. 이국에서 보는 가난한 삶의 현주소. 마음이 무겁고 아팠다. 그러나 이멜다의 자신감 넘치는 목소리를 들으면 금세 행복한 여행자가 되곤 했다. 여자가 여자에 대해서 품는 강한 호감, 애정, 감탄, 반함의 뜻을 가진 걸크러쉬라는 말을 가슴으로 경험했다. 그녀의 매력에 흠씬 빠진 내게 그녀의 말과 행동 하나하나는 예사로 보이지 않았다. 말을 할 때 입술을 과하게 벌리지 않고도 발음이 정확하고 목소리는 힘이 찼다. 그때마다 볼우물이 살짝 패였다 사라지는 모습은 최고의 매력이었다. 필리핀에 대해 하나라도 더 알려주기 위해 정성을 다하는 그녀가 참으로 멋져 보였다.

화려함의 극치를 이루었던 필리핀 대통령 이멜다의 카리스마를 닮은 듯도 보였다. 매사 자신감이 넘치고 당당했다. 해박한 지식을 가지고 열정적으로 설명하였지만 잘난체한다는 느낌은 없었다. 어느 장소에 가든 제일 먼저 하차해서 안내하고 다른 장소로 이동할 때는 마지막까지 철저하게 인원을 점검한 후 출발했다. 온몸이 고객을 위해 조립된 컴퓨터 같았다. 자존감이 전신을 휘감고 있는 여인이라고 할까.

그녀의 진심 어린 안내를 받으며 오래전 고향 부안에서 관광 안내 도우미로 활동했던 시절이 떠올랐다. 부안군 문화관광과에서는 군수님의 특별 지시로 각 읍면에서 한 명씩 추천을 받아 관광 안내 도우미 교육을 시켰다. 경쟁률이 치열하기도 했고, 직장에 묶인 몸이라 생각지도 못했는데 지방문화원에 근무한다는 이유로 나도 교육을 받고 내 고장을 알리는 일에 참여하게 되었다.

타지에서 단체 여행객이 우리 고장을 찾아온다는 연락이 오면 우리는 군에서 마련해준 차편으로 김제역까지 마중을 나갔다. 십여 명의 도우미들은 각각 배정된 관광버스에 나누어 올라타서 그들이 관광을 마치고 떠날 때까지 불편함이 없도록 배려하고 열심히 안내했다. 나는 그때 교육 자료에 있던 내용을 달달 외워서 하나라도 정확히 안내하고, 더 많이 부안을 알리기 위해 최선을 다했다. 그러나 이멜다의 안내를 받으면서 그 시절 나의 안내를 받은 수많은 사람에게 미안한 마음이 들었다. 지금 생각하면 이멜다가 필리핀을 사랑하는 것처럼 나는 내 고장을 많이 알지도 그렇게 사랑하는 마음도 깊지 않았다. 아무것도 모르던 내가 교육받은 짧은 지식으로 군에서 맞추어준 도우미 복장을 하고 부안을 알고 싶어 찾아온 많은 사람 앞에 섰으니…. 완벽하게 필리핀 사람이 되어서 필리핀에 대한 소소한 것이라도 더 알려주고 싶어서 열성을 다하는 이멜다 앞에서 내 과거에 대해 함구했지만, 부끄러웠다. 적어도 이멜다처럼 자신이 체험한 것을 근거로, 무엇보다 그 지역을 사랑하는 진실한 마음으로 안내해야 함을 깨달았다. 남 앞에 설 때 감당해야 하는 책임감의 무게를 생각하니 절로 고개가 숙어졌다.

　3박 4일의 여정 동안 그녀와 정이 듬뿍 들었다. 아침에 눈을 떠서 저녁 식사 때까지 종일 붙어 다닐 뿐 아니라 일거수일투족을 그녀의 말에 따르고 그녀의 걸음을 의지하며 병아리 소풍 가듯 보낸 일정이 마무리될 때 가슴에 구멍이 난 것처럼 허전했다. 짧은 기간 동안 한 사람이 이렇게 마음 깊이 들어앉을 수 있음에 놀라웠다.

　무작정 어딘가로 떠나고 싶거나 세상살이가 심드렁해질 때, 그녀와 함께 찍은 사진을 꺼내 보곤 한다. 그늘 없이 맑고 밝은 그녀에게선 생명수 같은 기운이 흘러나온다. 방전되었던 기기가 충전이 완료되어 힘차게 작동하는 것처럼 사진을 보며 그때를 떠올리면 활기로 가득 충전된다.

　코로나 19로 여행길이 막히고 하늘길도 막혔지만, 그 길 열리는 날 이멜다를 찾아 필리핀에 다시 한번 가보고 싶다.

　이제는 내가 먼저 반갑게 인사할 것이다.

　"반갑습니다. 한국 이름 백은영, 영어 이름 이멜다가 보고 싶어 다시 온 박갑순입니다."

다듬다

누르스름 시든 겉잎을 떼어낸다. 남은 초록의 끝도 곧게 뻗지 못하고 휘어져 시든 부분을 똑 자른다. 불필요한 것일수록 떨어지지 않으려고 안간힘을 쓴다. 잘려나간 것들이 손끝에 앙탈을 부리듯 달라붙는다. 손끝을 뿌리치며 떼어내려는 손에서 힘이 빠진다. 몇 번의 손질로 힘겹게 떼어내고 나니 싱싱한 초록만 남는다.

끝이 보이지 않을 듯 펼쳐진 호남평야의 모내기가 마무리 단계로 접어든 5월 셋째 주말 고향에 갔다. 다급한 연락을 받고 내려갔다가 일이 잘 마무리되어 가벼운 마음으로 오른 귀경길. 문득 고향의 따뜻한 땅심과 햇살 바람을 먹고 자란 서리태를 사기 위해 지인의 농장을 찾아갔다. 기름진 평야를 양옆으로 너울처럼 두른 나지막한 산 아래 담긴 수아사슴농장. 개들과 사슴의 요란한 환영 인사 사이로 지인의 흙 묻은 포옹이 따스하다. 그녀의 안내에 따라 사슴 우리를 돌아보고 낯선 사람도 주인과 함께 오면 짖지 않는 영민한 개 깜이까지 소개받는다. 그 앞을 지나 붉은빛이 한창인 앵두나무 앞에 섰다. 바닥에 떨어진 주홍빛은 새들이 먹다 떨군 알맹이라니 나무도 주인을 닮아 가는가. 첫 열매를 새들에게 먼저 내주는 앵두나무의 배려가 빨강 앵두처럼 눈길을 붙잡는다. 주인은 부추와 상추, 당귀 등등의 야채를 검정 봉지 가득 담아 서리태 자루와 함께 차에 실어주었다.

언제부턴가 도심에서 사는 내게 가장 귀한 선물은 무공해 농산물이 되었다. 트렁크에 실린 그것들이 상할까 자꾸만 올라가는 기온에 마음 졸이며 고속도로를 달렸다. 집에 도착하자마자 옷도 갈아입지 않고 봉지들을 열었다. 다행히 푸성귀들은 긴 여행에 지친 듯 풀이 조금 죽었을 뿐이었다. 상추 겉잎은 버리고 여린 속잎과 당귀와 오가피 잎을 깨끗이 씻어 풍성한 시골 향기로 저녁 식탁을 차렸다.

지인의 넉넉한 마음이 담긴 부추가 산더미다. 거실에 신문지를 깔고 자리를 만드니 거의 빈 곳이 없을 지경이다. 한 주먹씩 쥐고 다듬으면 수월하겠지만 달라붙은 잎들이 잘 떨어지지 않아 한 개씩 손에 들고 꼼꼼하게 다듬는다. 잠자리에 들 시간이 되도록 절반도 다듬지 못했다. 부추를 다듬는 일이 이렇게도 힘에 겹다니.

누르스름 변한 것을 인지하지 못하고 자신은 푸른 잎이라고 주장하며 살아온 나를 생각해본다. 내가 이제껏 나의 기준으로만 상대를 재단하려 했던 것은 분명 누렇게 변해 짓무른 부추의 겉잎이리라. 아무짝에도 쓸모없는 겉잎을 나의 자존인 양 지키려 했던 날들이 달라붙는다. 내가 살아오면서 체득한 것들로 세상을 다 재단할 수는 없을 터인데도 가끔 내가 가진 자로 재고 판단하고 목소리를 높인 적이 있다. 내 기준에서 그르다는 판단이 서면 타협의 여지가 없는 성격. 세상의 빛깔이 어떻게 정확히 흰색과 검정으로만 딱 구분 지을 수 있던가. 분명 무어라 딱 구획할 수 없는 회색의 구간이 있을 터인데 그 구간을 넘어서지 못해 각을 세웠던 자신의 모습을 뒤돌아본다.

  부추의 겉잎이 누렇게 변해 짓물러서도 쉬 떨어지지 않는다. 왼손으로 멀쩡한 부위를 잡고 오른손 엄지와 검지로 야무지게 잡아당기면 형체도 없이 뭉개진 것은 달라붙고, 겨우 형체를 유지한 것은 아직도 고집을 부리며 씩씩거린다. 억지로 떨어진 것들이 깨끗하게 다듬어진 부추 무더기에 내려앉는다. 이해가 되지 않는 것에 이해라는 휘장을 씌워 그럴듯하게 무마한다면 오히려 싸울 때처럼 엉뚱한 사태가 발생할 수도 있을 것이다. 쓸모없는 겉잎이지만 조심스럽게 내면까지 살피면서 떼어낼 때 깔끔하게 다듬어지는 것을 보며 나를 다듬는 일도 그렇겠지 싶다.

  하나라도 더 챙겨주고 싶어하던 지인의 모습을 생각하며 꼼꼼을 내다 보니 부추 다듬기는 다음 날까지 계속되었다. 혼자서 부추를 다듬으려니 쑥을 다듬던 날이 떠오른다. 깔끔하게 잘 살피면서 캤어야 했는데 더 많이 캐고 싶은 욕심에 마구잡이로 뜯어온 탓에 다듬는 일이 더뎠다. 흙을 털어내고 끼어든 잡풀을 하나씩 골라내는 데는 꽤 많은 시간이 필요했다. 종일 쭈그려 앉아 다듬고 나서 일어설 때 허리와 무릎이 삐걱대며 아우성을 쳤다. 다시는 쑥을 캐지 않으리라는 다짐까지 하면서 무언가를 다듬는 일이 이렇게도 힘이 드는 일임을 실감했었다.

나는 나를 얼마나 다듬으며 살고 있는가. 작은 일에도 곧잘 화가 솟는 다혈질을 잘 다듬어야지 하면서도 시간이 지날수록 속잎까지 물고 늘어져 결국 전체를 버려야 하는 부추가 되었던 것 같다. 조금씩 누렇게 변하다가 어느결에 상한 성미를 빨리 다듬고 잘라내지 못해 자리를 잡아버린 것이리라.

어떤 일을 시작해서 펼쳐놓은 채 휴식을 취하기는 또 처음이다. 부추를 다듬다가 잠시 쉬기로 했다. 힘들다는 몸의 신호에 참고 견디라고만 해선 안 되는 체력이 된 지 오래다. 쉬다 다듬다를 반복하며 예정된 약속까지 취소하고 부추 다듬는 일에 매달렸다.

가늘고 여린 부추를 다듬는 데 이틀이라는 시간이 소요됐으니 반평생 덕지덕지 붙은 아집을 다듬는 일임에랴. 부추를 하나씩 살피며 다듬듯 하루하루를 잘 다듬어 깔끔하고 맛깔스럽게 버무려야겠다. 고향 냄새 그득한 부추김치 향긋하고 맛나다.

아버지를 만나다

 30년 만에 아버지를 다시 뵈었다. 얼마나 더 늙으셨는지, 이제는 새 옷도 입으셨는지 확인할 수는 없었지만 오랜 이별 뭉뚱그려 하얀 사기함에 고이 모셔진 아버지. 가뭇없이 흘러버린 세월만큼이나 눈물도 말라서 그저 먹먹한 가슴으로 맞이했다.
 흙이 덕지덕지 달라붙은 장화를 신고 마당으로 들어서던 아버지는 늘 지쳐 있었다. 주름 깊은 이마엔 땀이 허옇게 말라붙어 있고, 턱엔 미처 뽑지 못한 들판의 풀처럼 수염이 거칠었다. 씻을 생각도 못 하고 토방에 털썩 주저앉아 한참 동안 한숨을 내쉬다가 주문처럼 혼자 중얼거렸다. 가만히 귀를 기울여 보면, 힘든 아버지 일을 제대로 거들지 못하는 약골 어머니에 대한 원망이었다. '다른 집 여자들은 일만 잘하도만….' 그럴 때면 어머니는 죄인처럼 숨을 죽인 채 정성껏 저녁상을 차렸다. 그러나 어쩌다 어머니가 힘에 부치는 일을 할라치면 팔을 걷어붙이던 아버지는 깊은 속정을 간직한 분이었다.

내가 중학교 3학년 때까지 남의집살이로 가계를 꾸렸던 아버지는 자식들과 놀아줄 시간이 없었다. 우리가 잠든 후에 오셨다가 날이 밝기 전에 나가곤 했다. 그래도 생활은 좀체 펴지지 않았다. 언젠가 어떤 선생님이 가난한 사람은 게으르기 때문이라고 했을 때 정말 화가 많이 났다. 아버지는 게으를 틈 없이 일했고, 그러면서도 평생 가난했기에 그 말에 수긍할 수 없었다.

비가 오면 짚으로 새끼를 꼬거나 동생들 팽이를 만들어주고 자치기용 막대를 만들어주셨다. 아버지가 우리에게 보여주신 애틋한 사랑이었다. 하나뿐인 딸인 내게는 언제나 '우리 고명딸'이라며 꼬깃꼬깃 접힌 용돈을 남몰래 쥐여주곤 했다.

시래기 된장국에 시어빠진 김치가 전부인 밥상이어도 싫은 기색 없이 고봉밥을 맛있게 드셨던 아버지. 어쩌다 들일을 마치고 술 한 잔 마신 날은 세상 어떤 아버지보다 당당하게 어깨가 떡 벌어졌다. 좁은 골목을 박달재를 넘듯 넘어와서 술기운이 가실 때까지 「번지 없는 주막」과 「타향살이」를 반복적으로 부르셨다. 가장으로서 짊어져야 했던 온갖 시름을 노래로 풀어내는 그 시간. 구성진 노랫소리에 나도 모르게 눈물이 나던 게 엊그제만 같다.

남편의 회갑 기념 가족여행 중 또 한 번 아버지를 만났다. 살아

계신다면 영락없는 우리 아버지의 모습이었다.

 딸들이 코로나로 위험한 시기라고 패키지로 준비한 여행이다. 미니버스에 우리 가족만 타고 다녔다. 제주 토박이라는 가이드는 어림잡아 삼십 대 후반쯤으로 보이는 젊은 아빠였다. 한곳이라도 더 보고 가라고, 남들이 해보지 않은 것들 해보라고, 나름의 비법을 총동원하여 최선을 다하는 모습이 성실한 아버지였다. 인생샷을 담아주겠다고, 무거운 카메라 가방을 메고 이리 뛰고 저리 뛰는 젊은 아버지. 무거운 지게를 짊어지고도 달음질치던 아버지가 겹치었다.

 숙련된 가이드에게서 성실한 아버지를 회상하며 여행을 즐기는 나와 달리 남편은 고생해서 번 돈을 여행으로 써버리는 것이 안타까워 가는 곳마다 잔소리였다. '너무 비싸다, 조금 싼 것 시켜라, 아껴 써라.' 좋은 날 큰소리는 내지 못하고 오만상을 찌푸리고 있는 남편은 틀림없이 돌아가신 내 아버지였다. 자신을 위해서는 한 푼도 흔쾌히 써보지 못했던 아버지.

 어머니는 젊은 날 남의집살이에 매여 한 달에 두 번 손님같이 다녀가던 남편과 죽어서라도 부부의 정을 나누고 싶었던 것일까. 유언처럼 말씀하시곤 했다. '나 죽으믄 니 아버지랑 같이 화장혀서 아무디나 뿌려버려라잉.' 두 분을 나란히 서남권 추모공원에 모셨다. 210구역 99, 100번.

 엄마 삼우제 날 추모관에 넣을 사진을 준비하는데 아버지 사진이 없어 할 수 없이 내 결혼식 날 혼주석에 앉아 계신 사진을 집어들 수밖에 없었다. 사진은 고사하고 양복도 그날이 처음이라 남의 옷 빌려 입은 듯 어색해하던 아버지의 모습이 눈에 선하다.

함에 담긴 아버지를 보는 순간, 엄마를 보내드려야 하는 슬픈 마음에 평안이 깃들었다. 삼십 년이나 먼저 가서 사후세계의 생활을 계획하신 아버지·이승에서 한 번도 호강시켜주지 못한 아내를 위해 저승에서의 삶은 부족함 없이 준비하셨으리라 믿는다.

선한 중독

아무 일도 손에 잡히지 않는다. 하고 싶은 것도 없고, 하고 싶지도 않고, 그렇다고 생각까지 없는 것은 아닌데 종잡을 수 없게 허우적대며 좀체 안정을 찾을 수 없다.

지난겨울 끝자락 오랜만에 그리운 친구 셋이 만났다. 그날 한 친구가 찻집에서 차를 마시는 동안 계란프라이 수세미를 떠 주었다. 둘이 잠깐 대화하고 있으라더니 앉은 자리에서 손으로 조물조물 금세 병아리처럼 예쁜 수세미를 완성했다.

그날 이후 정성을 뜨개질해 주던 마음이 내 안에 크게 자리를 잡았다. 나도 누군가와 그런 소소한 기쁨을 나누고 싶다는 생각이 풍선처럼 부풀었다.

유튜브를 검색하여 배운 수세미 뜨는 재미에 겨울이 가는지 봄이 오는지 모르고 지냈다. 하나씩 떠서 주변 사람들에게 나누는 재미가 쏠쏠했다. 그간 배웠던 캘리그래피 솜씨를 발휘하여 정성껏 뜬 수세미와 엽서 크기 종이에 '꽃길만 걸으소서'를 예쁜 글씨로 써서 투명 봉지에 담아 드리면 누구라도 함박꽃이 되었다. 매월 다니는 병원에 약을 처방받으러 갔을 때 의사 선생님께도 드렸더니 '결혼한 딸내미에게 주어야겠네.'라며 기뻐하였다.

그렇게 시작한 뜨개질 초보가 소도둑이 되고 있다. 미니 목도리를 뜨고, 마스크도 여러 개 떴다. 그러다가 모자 뜨기에 손을 댔다. 콘사 실 하나를 사면 모자 서너 개를 뜰 수 있다. 유튜브에는 정말로 '친절한 금자 씨'들이 많다. 완전 초보도 따라 할 수 있게끔 자세하게 설명하고 시범을 보이는 동영상이 많이 올라와 있다.

어느 날 지인의 차를 탔는데 운전석과 조수석에 깔끔하게 뜨개질한 시트가 씌워져 있었다. 순간 마음이 요동을 쳤다. 집에 오자마자 유튜브를 검색하고 실을 주문하였다. 실이 도착하는 순간부터 미친 듯이 남편과 딸 그리고 아들 차의 시트 뜨기에 몰두했다. 머리를 수그리고 같은 자세로 오래 앉아 뜨개질에 빠진 나를 보고 남편은 뭣이 중허냐며 걱정을 했다.

남편의 성화가 아니더라도 다른 할일들이 태산인데 내가 왜 그러는지 제어가 되지 않았다. 무언가에 홀린 듯 시도 때도 없이 매달렸다. 식사 준비하는 일이며, 집 안 청소며 모든 일에 마음이 가지 않았다. 그럴 시간에 뜨개질하는 것이 더 유익하다는 생각이 나를 지배했다.

내가 의식하지 못하는 사이 나는 뜨개질에 중독되어 가고 있었다. 종일 머릿속에 그 생각뿐이었다. 아무리 급한 용무도 뜨개질보다 급하지 않았다. 잠시라도 뜨개질하는 손을 쉴 수 없었다. 어떤 일에든 시간을 빼앗기고 싶지 않다는 생각이 머릿속에 꽉 차버렸다.

과유불급이라고 했던가.

세 대의 카 시트를 완성하고 나니 손가락이 아우성을 쳤다. 지난밤 늦게까지 아무렇지 않게 뜨개질을 했는데 아침에 일어나니 왼손 엄지와 중지의 관절이 뚝뚝 소리를 내며 잘 움직여지지 않았다.

내색하지 않고 남편 출근 후 정형외과에 갔다. 증상을 살피고 사진을 찍어보더니 '방아쇠 증후군'이란다. 주사로 치료할 수 있다며 주사실로 안내했다. 간호사가 아니라 의사 선생님이 직접 모니터를 보면서 주사를 놓았다. 그렇게 아픈 주사는 난생처음이었다.

위암과 유방암 환자로 진단받으면서 대수술을 경험하고 항암도 견뎠지만, 그에 못지않게 고통스러워 눈물이 쏙 빠질 만큼 아팠다. 한 번 더 맞아야 말끔히 치료된다고 했지만 나는 의사 선생님의 권고를 무시했다.

병원에 다녀온 후 이렇게 좌불안석인 것이다. 바구니에 담긴 실과 굵고 가는 여러 개의 코바늘을 바라보다가 만지작거리다가 한숨만 쉬고 있다. 위암 수술 후 먹을 수 없는 음식들 앞에서 말없이 눈물만 흘리던 순간과 흡사하다.

_ 선한 중독

담배를 끊어보겠다고 무설탕 사탕을 틈만 나면 먹어대고, 매사 신경질적으로 반응하던 아들의 증상이 이제야 조금 이해가 간다. 금단현상을 견디는 그만의 방법이었던 게다.

사전에서 말하는 중독은 술이나 마약 따위를 지나치게 먹은 결과 그것 없이는 견디지 못하는 병적 상태, 또는 어떤 사상이나 사물에 젖어 버려 정상적으로 사물을 판단할 수 없는 상태라고 한다.

나는 그동안 뜨개질을 하면서 일상을 정상적으로 판단할 수 없는 상태였다. 중독은 이렇게 시나브로 한 사람의 모든 것을 지배하는 것이었다. 선한 중독이니 망정이지 큰일 날 뻔했다. 방아쇠 증후군의 발병이 아니었다면 나는 지금도 뜨개질에 빠져 있을 것이다. 중독 참 무서운 것이다.

곶감이 달다

　어린 시절엔 명절이나 제삿날에만 한두 개 얻어먹던 곶감이다. 곶감을 먹기 위해 큰집에 제사 지내러 가신 엄마가 올 때까지 감기는 눈에 힘을 주고 숙제했던 추억이 있다. 그때 곶감은 바싹 말라 하얀 분이 표면을 감싸고 있었는데, 이것은 분도 없고 젤리처럼 쫀득하다. 손에 분도 묻지 않고, 질기지도 않고 씨도 없이 입에 착 감긴다. 변비로 고생하는 내게 감 종류는 득이 되지 않는다는 것을 알면서도 그 유혹을 뿌리칠 수가 없다.

　설을 앞두고 감사한 분들께 드릴 선물을 골랐다. 인터넷 사이트를 통해 받을 분의 취향을 생각하며, 멸치와 떡과 상주곶감을 주문했다. 곶감은 내가 좋아하는 품목이다. 특히 반건시는 냉동 보관해 두고 하나씩 꺼내 먹는 맛이 그만이다.

다음 날 택배가 왔다. 바쁜 택배기사님이 초인종 누를 겨를도 없었던 모양이다. 주소도 확실하고 수취인도 분명 내 이름인데 누가 보낸 것인지 알 수가 없다. 김영란법 때문에 의문스러운 택배는 받지 않는데 보낸 사람 쓰는 곳에도 내 이름과 주소가 적혀 있다. 살펴보니 상주곶감이다.

남편이 퇴근할 때까지 택배에 대한 의문은 풀리지 않았다. 개봉해 보니 선물용으로 고급스럽게 포장되지 않고 곶감이 작은 상자 안에 차곡차곡 담겨 있다. 아무리 봐도 선물은 아닌 것 같다. 임의로운 사이에 주고받을 수 있는 포장이다. 곶감을 많이 주문했다고 서비스로 보내준 것일까? 풀리지 않는 의문을 우리는 그렇게 풀었다. 지퍼 팩에 열 개씩 담아 냉동실에 두고 몇 개는 맛있게 먹었다.

이틀이 지났다. 통원치료차 병원에 있는데 택배기사님의 문자 메시지가 떴다. 집에 사람이 없어서 물건을 집 앞에 두었다는 것이다. 조금 있으니 403동 303호 여주인에게서 전화가 왔다. 우리 집으로 가야 할 택배가 자신의 집으로 왔다는 것이다. 무슨 택배일까? 올 것이 없는데 이상하다 싶지만 일단 찾아보면 알겠지. 병원에서 막 나오려는 순간, 친구에게서 전화가 왔다. "택배 받았니?", "아니. 받지 않았는데 무슨 택배? 403동으로 우리 물건이 갔다는데 그것일지 모르겠다. 집에 가서 찾아보고 전화할게."

집에 오자마자 택배를 확인하니 우리 집 문 앞에 두었다는 택배기사의 문자 내용 중 사과 상자 하나만 있었다. 할인 기간이라고 특별히 주문하라는 친구의 권유로 아직 먹을 유산균이 있음에도 특별히 주문했는데, 분실했나 싶어 걱정이 앞섰다. 택배 기사에게 전화하니 그는 자신의 기억을 더듬어 자세히 설명했다. 멀리서 보면 사과 상자만 보이게 작은 상자는 부러 안쪽으로 두었다는 것이다. 아무리 찾아도 흔적이 없다. 택배기사는 운송장 번호를 알려 달라 했다. 나름대로 찾아보려는 것 같았다. 한참 후에 전화가 와서 자신은 분명히 배송했는데 없다면 변상을 해야지 어쩌겠느냐며, 일단 물건을 주문하고 값을 알려 달란다. 아직 급한 것은 아니니 명절 지나서 주문하겠노라 답하고 그 일은 일단락지었다.

퇴근해 온 남편이 403동에서 택배를 찾아왔다. 분실한 것으로 안 유산균이었다. 바로 택배기사에게 전화를 했다. 403동으로 잘못 배달한 모양이었다고, 찾았으니 걱정하지 말라고. 젊고 성실한 목소리의 택배기사는 고맙다며 전화를 끊었다.

이제 친구가 보냈다는 택배를 찾는 것이 문제다. 친구에게 전화했다. 403동에 왔다는 택배가 네가 보낸 택배일 거라 생각했는데 찾아와 보니 아니더라고. 친구는 그동안 투병 중인 나를 자주 찾지 못해 미안해서 작은 선물을 보냈는데 어찌되었는지 알아보겠다고 했다. 동료의 오빠가 직접 재배한 곶감을 과대 포장하지 않고 실속 포장한 것으로 보냈는데 이런 일이 생겨서 어쩌냐며 걱정하는 친구의 말에 순간 의문의 곶감이 떠올랐다.

친구는 가족을 비롯해 여러 사람에게 곶감을 보냈는데 모두 잘 받았다고 연락이 오는데 나에게만 오지 않더란다. 그래도 그냥 그러려니 했을 텐데 주변에서 배달 사고에 관한 이야기를 나누니 혹시나 하는 생각에 전화하게 되었다는 것이다. 나는 우리가 받았던 곶감에 관한 이야기를 해주었고, 결국 의문의 퍼즐을 맞추게 되었다.

하필 상주곶감이고, 보낸 사람 받는 사람이 모두 내 이름으로 되어 있어서 우리 편한 대로 해석했던 것이 못내 무렴하고 죄스러웠다. 남편이 재활용 쓰레기장에 버렸던 곶감 상자를 찾아왔다. 보내는 사람, 받는 사람 주소와 이름이 적힌 부분을 사진 찍어 친구에게 보냈다. 왠지 그래야 할 것 같았다. 큰맘 먹고 선물했는데 받았는지 안 받았는지 연락도 없고, 전화해야 하나 말아야 하나 많이 망설이고 마음 졸였을 친구를 생각하니 더욱 그랬다.

짧은 시간이었지만 홍역을 치른 듯 벌겋게 달아오른 채 곶감을 먹는다. 더욱 달다.

숲

 한적한 산길을 걷는다. 적당한 거리를 유지하며 서 있는 나무들 사이로 따사롭게 내리는 햇살이 넉넉하다. 짧은 순간 모습을 보여주고는 이리저리 자리를 옮겨 앉는 청설모. 휘어진 나무와 곧게 선 나무를 옮겨 다니는 천진한 모습에 발길이 멎는다. 휴대전화의 카메라를 켜는 동안 자세를 취할 듯 호흡을 가다듬다가 셔터를 누르려는 찰나 꼬리를 흔들며 재빨리 마음을 바꾼다.

 쏟아지는 햇빛의 양과 바람의 부피가 비슷할 것 같은데 나무들은 왜 휘어지기도, 반듯하기도, 양쪽으로 몸이 갈라져 자라기도 하는 걸까? 간간이 숲에 엇박자를 놓고 서 있는 나무의 모양이 답답한 마음을 더욱 무겁게 한다.

 그녀가 나를 향하는 마음과 내가 그녀를 생각하는 마음의 부피와

질량은 비슷하거나 같을 것으로 생각했다. 적어도 그렇게 믿을 때는 둘이 서로 한 방향을 바라보며 올곧게 서서 햇살과 바람과 비를 사이좋게 나누는 나무였다. 어느 날부터 몸을 반대쪽으로 기울이며 나아가는 그녀의 차가운 마음이 느껴졌다. 무슨 연유인지 알 수 없어 허둥대는 사이 그녀와 맞닿은 가지에 냉기가 돌기 시작했다. 너무 차가워서 닿지 않으려 조심하는 동안 나도 모르게 휘어져 자라는 몸을 감지했다.

서로에 대해 잘 안다고 생각했는데 돌아보니 아는 것이 없다. 어긋나기 시작한 것이 언제부터였는지, 왜 그런 선택을 하게 됐는지. 나무는 아는데 비바람은 모르는 나무의 상처처럼 아는 게 없는 나는 상처뿐이다. 그리 빽빽한 숲도 아닌데 나는 발을 어디에 내디뎌야 할지 망설이고 있다. 함께한 시간만큼 숨쉴 틈도 없이 비틀린 관계가 답답했을까.

나무들은 좁혀진 관계를 조절하기 위해 적당한 때에 이파리를 떠나보낸다. 변덕을 부리는 바람을 탓하지 않고 마음대로 드나들 수 있게 팔도 벌려준다. 그래서 숲은 관계의 어그러짐 없이 날이 갈수록 깊어지는지 모르겠다. 웃자라는 생각들을 떨쳐버릴 줄 알고, 새들의 노랫소리를 마음으로 들을 줄 알고, 향기를 뿜내는 꽃들의 잘난 체도 눈감아 줄 줄 알기에 숲의 품은 넉넉한가 보다.

가족보다 더 많은 대화를 하고, 더 자주 만나면서 마음을 나누었기에 한순간 벌어진 틈 앞에 벼락 맞은 나무처럼 나는 쓰러졌다. 이제 나는 쓸모없는 나무가 되었는가.

 숲은 깊이 들어갈수록 신선한 공기가 폐부 깊이 들어와 좋다. 졸참나무가 고욤나무를 흉보지 않고, 소나무가 전나무를 시샘하지 않는다. 그저 자신의 힘으로 뿌리를 내리고, 몸속에 들어앉은 태풍과 번개를 삭이며 꼿꼿할 뿐이다. 작은 것도 바라지 않고 내줄 수 있는 것만 몽땅 내어주며 서 있다. 애초부터 지닌 품성대로 자라서 변함없는 숲을 이룬다. 그러나 인간들로 이루어진 숲에서는 왜 불분명한 어떤 지점에서 성장을 멈추어야 하는 걸까.

 관계 맺음에 아둔한 마음을 추스르며 며칠 만에 오른 산, 정강이 높이쯤 껍데기가 벗겨져 속살이 보이는 나무가 있다. 먹이를 구하지 못한 산짐승의 화풀이 같은 상처. 누렇게 마른 속살에선 피도 흐르지 않았다.

 상처는 가까운 사람에게서 받고, 사기도 가까운 지인에게 당한다고 했다. 그럴 사이가 아닌데 연락이 뜸하고, 소식을 전해도 성의 없는 답변으로 일관했을 때까지도 나는 너무 깊이 들어갔다는 사실을 인식하지 못했다. 관계의 진정성은 내 안을 다 내보이는 것이라고 믿었던 지난날이 어리석게만 느껴진다.

 한 권의 책도 호기심과 궁금증이 있어야 다음 페이지로 넘기고 싶어지는 법. 곱씹지 않아도 대강의 맛을 알 수 있고 깊은 생각까지 쉽게 읽어낼 수 있는 밍밍한 사람이라면 누가 오래도록 곁에 있고 싶을까.

숲의 길은 자주 가면 갈수록 훤해진다. 어느 지점에 바위가 있는지, 어느 지점이 깊은지 몸으로 익히게 된다. 그 빽빽하던 숲도 속을 보여주기 시작하기 때문이다. 작은 새도 보여주고 발아래 꽃들도 보여준다. 어쩌다 지렁이를 내보이며 놀래주기도 한다. 그녀는 아직도 속을 다 보여주지 않는 밀림이다.

숲에서 한 번 익힌 길은 천재지변 아니고는 변하지 않는다. 그래서 자주 찾게 되고 그래서 쉼을 얻게 된다.

가도 가도 첩첩한 관계의 숲. 이제 대낮에도 혼자 걷기 두렵다. 그녀가 내게 보였을 수많은 새와 꽃과 청설모를 발견하지 못한 건 순전히 내 탓일까.

사심 없는 숲에서 심호흡하면 나무가 가슴으로 들어온다. 그늘은 나무가 만드는 것 같지만 나뭇잎 사이로 내려오는 햇살이 만든다. 낙엽을 떠나보내고 잡다한 생각을 비운 숲이 고요하다.

02

보이지 않는 그림

스파티필룸

 지척의 물 한 모금도 마실 수 없는 목숨이라니. 얼마나 목이 탔을까. 며칠 외출 후 집에 오니 스파티필룸의 이파리가 축 늘어져 있었다. 그렇게 애잔한 모습을 본 적 없어 순간 움찔했다. 손가락으로 뿌리 쪽을 살살 헤집어 보니 물기라곤 찾아볼 수가 없다. 심폐소생술하듯 서둘러 물을 흠씬 주었다. 목이 타들어 가는 고통을 혼자 감내했을 생명을 생각하니 마음이 저렸다. 저녁 내내 잠을 이루지 못하고 침실과 거실을 왔다 갔다 했다. 목마름을 견딘 시간의 곱절을 보내야 기운을 차리려는지 물을 빨리 삼키지 못했다. 심하게 토라진 스파티필룸은 물 마신 기척도 보여주지 않았다.
 햇볕 잘 드는 쪽 거실에서 물이 있는 주방까지 거리라야 고작 댓 걸음인데 목이 타 죽음이 목전인데도 어쩌지 못했을 스파티필룸.

홍 노인의 모습을 보는 것 같았다. 그분과 목소리로 인연을 맺은 건 2년여 전이다. 체력이 약해 힘쓰는 일은 할 수 없고 작은 마음이라도 나누는 삶이 없을까 찾던 중, 노인복지관에서 내건 현수막이 눈에 들어왔다. 전화 상담 봉사자를 모집하는 문구였으나, 상담이라는 단어에 망설여졌다. 알아보니 복지관에서 연결해 주는 노인에게 전화로 안부를 확인하고, 대화 상대가 되어 드리는 일이라고 했다. 조금만 시간을 할애하면 할 수 있을 것 같았다.

첫 번째 연결된 노인은 남자분이었다. 신체활동은 자유로우나 돌보는 가족이 없어 많이 외롭게 지내고 계셨다. 일주일에 두 번씩 드리는 전화를 무척이나 기다리셨다. 그러나 말씀을 많이 하지 않는 분이라 3분 정도 통화하는 것도 꽤 힘들었다. 차츰 시간이 지나면서 마음을 연 노인과 한 시간 가까이 통화하는 편안한 관계가 되었을 때, 노인은 옆 도시로 이사하게 되었다. 연립 지하에 살다가 좀더 환경이 좋은 곳으로 옮기게 되어 좋아하면서도 나와 통화할 수 없는 것을 염려하셨다. 복지관과 상관없이 통화를 몇 번 더 하였으나 지속하지 못했다.

두 번째로 연결된 분이 홍 노인이다. 여자분이어서 대화가 수월했다. 취향이 비슷해서 한 번 대화의 물꼬가 트이면 꽤 길게 통화하곤 했다. 사실 노인이라는 호칭이 어울리지 않는 70대 중반인 분이다. 나와 연을 맺기 3년 전에 남편을 하늘나라에 보냈고, 당신은 지금 당뇨와 혈압, 우울증 등으로 고생하고 계신다.

가장 불편한 것은 마음대로 움직일 수가 없는 것이다. 젊어서 대처승이었던 남편을 돕느라 허리와 다리, 무릎 등 성한 곳이 없다. 초파일, 추도제 등등 절에서 하는 행사 때마다 모든 음식을 혼자 준비했다고 했다. 불과 1년 전만 해도 방안에서 엉덩이 걸음으로 조금씩 집안일을 했는데 갈수록 관절이 아파서 아무것도 할 수 없으시다. 손까지 떨려서 숟가락질하기도 버겁다고 한다. 정말 하루가 다르게 나빠지는 것 같아 마음이 쓰인다.

가수 배호를 좋아해서 종일 배호 노래를 듣거나, 티브이 「동물농장」을 보는 게 유일한 낙인 노인. 요즘은 이란 방송을 보는데 어찌나 여러 번 보았는지 이란 여행을 다녀온 것보다 더 많은 것을 알고 계신다. 이란 음식이며 생활 모습 등을 말씀하시는데 꽤 들을 만하다. 그럴 때는 정말 건강한 젊은 언니와 대화하는 것 같은 느낌을 받는다. 스파티필룸이 햇빛을 듬뿍 머금고, 맑은 바람의 박자에 맞춰 춤을 추는 상상을 하게 된다.

스파티필룸은 나의 반려식물이다. 공기정화 식물로 잎맥이 또렷하고 잎도 널찍하니 풍성하여 바라만 보아도 전신에 초록 물이 들 것 같다.

복지관의 정책이 일주일에 한 번 전화하는 것으로 바뀌었다. 어느 날 전화선을 타고 오는 목소리가 너무 힘이 없어 깜짝 놀랐다. 저혈당이 와서 쓰러지기 직전이었던 모양이다. 몇 발짝만 움직이면 혈당을 신속하게 올려주는 커피를 마실 수 있는데 그것을 못 해서 스파티필룸처럼 시들어가는 중이었다.

  큰딸은 결혼했고, 딸 둘과 함께 지내는 홍 노인은 혼자 할 수 있는 일이 아무것도 없다. 그나마 방안에서 지팡이 두 개를 짚고 겨우 화장실에 다니는 정도. 그것마저도 제대로 할 수 없어 급할 때는 옷에 실수하기도 하지만, 눈 감을 때까지 그 일만은 자신이 해결하고 싶다고 하신다. 물 한 잔도 손수 챙겨 마실 수 없다. 목이 말라도 주인이 한 바가지 물을 줄 때까지 하염없이 기다려야 하는 스파티필룸처럼.

  다른 날보다 일찍 눈을 떠서 거실에 나가 보니 언제 그랬냐는 듯 스파티필룸이 생기를 되찾아 시침을 떼고 있다. 저보다 큰 파키라 옆에서 뒤꿈치를 높이 들고 어깨를 넘보고 있다. 싱싱한 이파리에 아침 햇살을 담뿍 받아 윤기가 돌았다. 하마터면 잃을 뻔했던 스파티필룸 앞에서 시간 가는 줄 모르고 앉았다가 서둘러 홍 노인에게 전화했다.

  "편안히 주무셨어요? 오늘 기분은 좀 어떠세요?"

  정오가 넘었는데 이제야 아침을 드신다고 했다. 오후에 출근하는 딸이 급하게 차려준 밥을 먹고 있단다.

  "딸에게 나갈 때 손을 뻗으면 마실 수 있는 위치에 물병을 놓고 가라고 하세요. 커피도 가까운 곳에 놓아 달라 하고요."

  다시는 늘어진 스파티필룸을 보고 싶지 않은 마음에 홍 노인에게 주제넘은 잔소리를 했다. 햇살이 거실 깊숙이 들어와 앉는다. 홍 노인의 거실에도 따스한 햇볕이 깃들었을 것이다.

보이지 않는 그림

작은 갤러리에 갔다. 사업가로 성공했다는 여성 작가의 개인전이었다. 전시된 작품은 국내외 여행지에서 보았던 인상적인 장면을 그린 그림이었다. 함덕 해수욕장에서 바다를 바라보고 앉아 있는 세 여인이 그려진 작품은 자주 가는 바다를 보는 것처럼 내면까지 잘 보였다. 그러나 모로코 패스 골목 그림이나 좌측에 태아를 담은 태반이 있고, 우측으로 심장 모양이 있고, 위쪽으로 커다란 회오리가 그려진 그림은 아무리 보아도 보이지 않았다. 화가는 무엇을 보여주고 싶었던 것일까?

내 인식 밖의 그림 앞에서 생각하는 시간이 길어졌다. 화가가 그린 오이도의 노을빛이 내려앉은 시간, 슬며시 허기가 돌았다. 근처 소문난 죽 전문점으로 갔다. 갤러리에서의 설렘과 감흥이 이어져

서일까? 아담한 죽집 내부가 내게는 작은 전시실 같았다.

4인 식탁에 홀로 앉아 열심히 죽을 먹고 있는 모습은 여백이 넉넉한 작품 같고, 이마를 맞대고 메뉴를 고르는 연인들은 빛과 그림자를 완성도 높게 처리한 작품 같다. 작품이 작품을 감상하는 행위예술가도 있다.

예약되었던 그림인지 대작이 들어왔다. 작품은 4인 식탁 두 개를 이어붙인 중앙에 설치되었다. 남녀 아이의 부모인 듯한 젊은 부부와 그의 시부모인 듯한 중년 부부. 그림의 채도가 너무 낮고 색감이 무겁게 느껴졌다.

젊은 여자가 하늘색 꽃무늬 원피스 입은 여자아이를 데리고 화장실에 가고 젊은 남자가 죽을 주문했다.

"들깨칼국수 하나, 옹심이 팥죽 하나, 바지락칼국수 둘요."

젊은 남자가 남자아이에게 얌전히 앉아 있으라고 주의를 주고, 중년 여인은 남자아이가 잡은 컵에 물을 조금 따라주었다.

주문한 죽이 나왔다. 들깨죽은 젊은 남자 앞에, 팥죽은 중년 여인 앞에, 2인분의 바지락칼국수는 여자아이를 사이에 두고 나란히 앉은 젊은 여인과 중년 남자 사이에 놓였다.

"아버지, 먼저 뜨세요."

색 바랜 신사복을 입은 채 불편한 자세로 앉아서 자신의 그릇에 칼국수를 담는 뒷모습이 짠해 보였다. 얼른 한 그릇 담아서 "아버님, 먼저 드세요." 할 줄 알았던 내 생각이 잘못된 것인가. 아무리 봐도 가족인데 가족 같지 않은 그림이다. 그러고 보니 중년 여인도 아이들도 모두 이상했다.

"아이고 우리 손자 할머니에게 오렴. 할머니가 죽 줄까, 아 해."

"할머니, 이게 뭐야?"

"옹심이 팥죽이야. 맛있지?"

이런 류의 대화 한마디 없었다. 젊은 여자가 아버지라고 부른 것 외에 그들의 모습만으로는 가족이라는 단서는 어디에서도 찾을 수 없게 난해한 그림이었다.

전시장에서 한 바퀴 돌아보는 동안 보이지 않던 그림을 잘 보기 위해 두어 바퀴 더 돌았던 것처럼 말없이 죽을 먹는 중년 여인의 표정을 살폈다. 웃음기라곤 흔적도 보이지 않았다. 무언가 하고 싶은 말을 참는 듯 입으로 꾸역꾸역 죽만 퍼 날랐다. 중년의 신사는 불투명한 뒷모습만 보여 표정을 가늠할 수 없었지만 마주앉은 여인과 눈도 맞추지 않는 것을 보면 꽤 심기가 불편한 것으로 짐작했다.

표면으로는 쉽게 이해할 수 있을 것 같은 큰 그림 앞에서 이면이 보이지 않아 시선을 뗄 수가 없었다. 구도상으로는 가족이 분명한데 크기나 배치, 명암이 초점을 흐리게 했다.

가족 간에 애정을 표현하라면 '가족끼리 왜 그래. 그러는 거 아냐.'라고 말한다는 사람들의 이야기를 농으로만 생각했는데…. 따뜻한 대화는 실종된 지 오래인 듯 전투적으로 허기만 해결하고 있는 그림을 보는 내내 불편했다.

집으로 돌아오며 유독 마음을 불편하게 했던 그림에 대해 남편과 진지하게 대화를 나누었다. 겉으로 보이는 것이 다가 아닐 수도 있을 것이라는 남편의 말은 『어린 왕자』의 보아뱀 이야기까지 확장되었다. 어린 왕자가 하나의 그림을 어른들에게 보여주며 던진 질문에 어른들은 하나같이 '모자'라고 대답을 한다. 그러나 어린 왕자는 '코끼리를 삼킨 보아뱀'이라고 말한다. 어른들의 편견과 아이의 순수함에 관한 이야기라지만, 나는 겉만 보고 속을 보지 못하는 나 같은 우매한 사람에게 깨달음을 주는 내용으로 이해하기로 했다. 말 못 할 사정이 있거나, 그 가족만의 일상적인 분위기일 수도 있겠다는 생각으로 의문의 꼬리를 접었다.

전시회를 보고 안목이 좀 생겼다고 생각했는데 괜히 화가의 의도를 파악하지 못한 채 그림의 트집을 잡아내느라 맛난 시간을 허비한 것만 같다.

낙엽 쓰는 남자

　소리가 걸음을 유인한다. 가파른 골목을 걸어가는 동안 속도를 채근하는 소리를 따라 걸음을 옮긴다.
　야트막한 산 아래 허름한 공원. 오래된 통나무 벤치엔 소리가 일으키는 먼지를 피해 작은 물병이 앉아 있다. 누군가 지켜보는 줄도 모르고 쉬지 않고 비질하는 남자. 청소하는 복장으로 어울리지 않는 차림이다. 갈색 바탕에 잔잔한 체크 무늬의 베레모를 쓰고 바지도 신사 정장이다. 검은색 낡은 점퍼와 바깥쪽으로 닳은 구두의 뒷굽이 비질하는 행위와 어렴풋이 어우러진다.
　공원 입구 흙길을 쓸고 있다. 바닥에 납작 붙었던 낙엽들이 몸을 말아 비질을 피하느라 아우성친다. 여러 번 빗자루가 지나가도 고집 센 이파리는 이를 물고 바닥에 붙어 있다. 출근복으로 입었음 직한 바지 아랫단에 흙먼지가 뿌옇다. 벼랑 끝으로 쓸리지 않으려는 몸부림인가. 수차례의 비질에 안간힘으로 버티는 이파리가 안쓰럽다.

단풍도 들지 않은 나이에 아버지는 생의 끈을 놓았다. 낙엽처럼 착 달라붙어 생명을 좀더 연장할 만한 배짱도 없이 육십도 못 채우고 가셨다.

아버지는 평생 농투성이로 살았으나 당신 명의로 등기된 땅뙈기 한 평 없었다. 젊은 시절엔 머슴살이했고, 나이 들어서는 소작농으로 살았다. 먼 동리에서 머슴살이할 때는 환한 날에 아버지 모습을 본 기억이 없다. 늦은 밤에 왔다가 새벽에 옷 보따리를 들고 나가는 뒷모습을 보는 것이 전부였다.

학교에서 친구들과 수다 떨며 집으로 돌아오는 길. 새카맣게 그을린 피부에 구레나룻이 지저분한 얼굴로 비지땀을 흘리며 지게를 지고 있는 아버지와 마주쳤다. 보름 가까이 뒷모습마저 보지 못했으니 반갑게 달려가서 인사를 하고 싶었지만 나는 모른 척 외면하고 말았다. 친구들이 알아챌까 두려워 일부러 목소리를 높여서 말하며 보폭을 넓혀 빠르게 걸었다. 옆으로 스쳐 지나가는 아버지의 촉촉한 눈빛이 가슴으로 들어왔지만, 왠지 친구들 앞에서 당당하게 우리 아빠라고 말하고 싶지 않았다. 철없던 그 행동을 지금이라도 촘촘한 빗자루로 싹싹 쓸어버리고 싶다.

비질 소리가 요란하다. 남자도 철없는 딸로부터 외면을 받은 걸까. 직장에서 권고사직을 당하고도 식구들에게 말하지 못해 날마다 산으로 출근하는 것은 아닐까. 그에게서 아버지의 슬픈 표정이 읽혀 발을 뗄 수가 없다.

남자는 낙엽을 한쪽으로 모아 놓고 다시 비질한다. 무엇을 저렇게 쓸어버리고 싶은 걸까. 흙이 쓸려가며 바닥에 골이 생긴다. 딸년에게 외면당한 머슴의 신세를 한탄하는 아버지가 비질한다.

아버지와 집에서 함께 살기 시작한 것은 고등학생 시절부터였다. 비록 소작농이었지만 일복을 입고 삽과 괭이를 들고 논으로 나가는 아버지의 뒷모습은 당당해 보였다. 피곤하면 쉬기도 하고, 일이 없으면 집에서 허드렛일을 했다. 가을 햇살이 따사롭게 내리쬐는 날엔 마당을 깨끗이 쓸고 문풍지 바를 준비를 했다. 문설주에서 문짝을 떼어 마당 가 담벼락에 기대 세운 후, 지난해 바른 누렇게 변한 종이를 떼어내고 물로 깨끗이 닦은 다음 한지를 정성껏 발랐다. 손잡이 옆쪽엔 작은 유리를 붙여서 문을 열지 않고도 밖을 내다볼 수 있게 했다. 그리고도 여유로운 시간엔 빗자루를 만들었다. 대나무를 베어다가 두툼한 것으론 자루를 만들고 자루 아랫부분에 가느다란 줄기들을 둥글게 말아 묶었다. 일을 시작하면 끝장을 보아야 하는 아버지는 대빗자루 서너 개를 만들고서야 자리에서 일어났다.

아버지를 외면했던 어린 시절의 잘못이 가슴에 거스러미로 자리한 나는 형제 중 마당을 제일 많이 쓸었다. 그날 일을 거론하지 않는 아버지의 속 깊은 사랑에 보답하려는 마음이었을까. 대나무 빗자루로 마당을 쓸면 속죄하는 기분이 들었다. 깨끗해진 마당을 보고 환하게 웃던 아버지가 비질하고 있다.

남자가 쓸리지 않는 먼지 위에 빗자루를 놓고 벤치에 가 앉는다. 땀을 훔치고 물을 마신다. 주름진 얼굴이 핼쑥하다.

까치가 모아 놓은 낙엽을 흩뜨리고 간다. 남자는 말없이 일어나 비를 집어 든다. 다시 비질을 시작한다. 멀리서 들려오는 새소리까지 쓸어버리려는지 반복해서 비질하는 남자. 나무들이 더는 잎을 떨어뜨리지 못하는 사이 붉은 노을이 공원 벤치에 내려앉았다. 인자한 얼굴로 고개를 끄덕이며 아버지가 웃는다. 내 마음에 눌어붙은 티끌을 남김없이 쓸어가려는 듯 당신이 만든 대빗자루를 휙 젓고 가신다.

부부

얼마쯤 걸었을까? 문득 만난 벤치에 마음을 걸쳤다. 눅눅한 나뭇결의 촉감에 기대어 흐트러진 마음의 끈을 당겨본다. 동공에 초점을 모아 시선을 멀리 던져본다. 이파리가 모두 떨어졌지만, 나무들은 이 계절을 잘 견디고 있다. 초록을 잃은 풀들도 꿋꿋한 자세로 자기를 버티고 있다. 몇몇 아이들은 이쪽에서 저쪽으로 뛰어다니며 온 힘을 다해 목청을 높인다. 간간이 참새도 그 사이에 끼려 푸드덕거린다. 나는 저 그림들 사이 어디에 낄 수 있을까? 도대체 무엇이 잘못되고 무엇을 잘못한 것일까?

"위에 전체적으로 염증이 심하고, 이 부위는 암으로 될 가능성이 큽니다."

초기 암 진단을 받을 때보다 더한 좌절감에 한동안 멍했다. 실꾼리에 실을 제대로 감기 위해선 엉킨 실마리를 찾아야 하는데 도무지 보이지 않는다.

하늘이 땅에 닿을 듯이 무겁게 내려앉아 있다. 미세먼지가 심하니 외출을 삼가라는 기상캐스터의 말을 무시하고, 아무런 준비도 없이 무작정 밖으로 나왔다. 6개월 만에 만난, 수술을 집도한 의사의 무거운 진단이 나를 밖으로 내몰았다.

멀리 벤치에 노부부가 있다. 걷기 연습을 하다가 잠시 쉬는 중인지 의자 옆에는 지팡이가 나란히 놓여 있다. 할아버지가 연신 할머니의 옷깃을 여며준다. 느린 동작으로 주머니에서 무언가를 꺼내 만지작거리다 할머니 입에 넣어준다. 박하사탕의 향이 느껴진다. 내 외할머니도 유독 그 사탕을 좋아하셨다. 방학 때 박하사탕 한 봉지 사 들고 가면 이가 빠져 움푹 들어간 볼에 사탕을 물고 미소로 맞아 주셨다. 몇 개 남지 않은 이마저 단것을 좋아하여 까맣게 썩었지만, 외할머니의 박하사탕 사랑은 멈추지 않았다.

자세히 보니 할아버지는 담장에서 미끄러지지 않으려 애쓰는 덩굴손 같다. 한 손은 할머니 손을 잡고, 다른 손은 할머니의 머리를 매만져 주신다. 할머니는 왠지 자꾸만 얼굴을 돌린다. 할아버지의 짐이 되어 버린 자신이 한없이 원망스러운 것인가. 마음대로 움직이지 못하는 육신을 한탄하는 것인가. 가끔 할아버지의 눈길을 피해 먼 곳을 바라본다. 청춘의 바다에 던지는 회한이리라. 손을 잡고도 눈을 맞추기 위해 할머니 턱 밑에 바짝 들이민 할아버지의 얼굴은 잘려나가려는 꽃송이를 붙잡고 놓지 않는 덩굴손 같다.

젊은 날 저 노부부도 새벽에 일어나 논밭으로 나갔다가 한밤중이 되어서야 초라한 집으로 들어와 따뜻한 구들에 몸을 녹였을 것이다. 허리와 무릎이 녹아내리도록 지어 거둔 농작물을 도회지 자식들에게 뭉텅뭉텅 떼어주었을 것이다. 그날이 지금은 황사가 심한 날씨처럼 아슴푸레한 것이다. 노부부의 인생을 더듬어보는데 문득 한기가 든다.

총총히 집을 향한다. 삶의 곡절을 겪으면서 돌고 돌아서 만난 남편, 남편은 모처럼 오수 중이다. 곁에 조용히 앉아서 그의 숨소리를 듣는다. 한없이 편안하다. 큰 수술을 받은 나를 아내로 받아준 남편이다. 이제 채 1년도 함께하지 않았는데 다시 깊은 병마에 잡힌다면? 아찔하다. 병원에 다녀와서 행여 결과에 관한 이야기가 대화에 올라올까 봐 자꾸 말머리를 돌렸다. 거짓을 말할 수도 없고, 그렇다고 바른대로 말할 수는 더욱 없다. 아직 재발이라는 단정을 내린 것도 아니니 겁먹을 것 없다고 생각하면서도 며칠째 마음이 미세먼지 자욱한 하늘보다 더 뿌옇다. 흠 많고 건강을 완전히 회복한 상태가 아닌 나를 흔쾌히 받아준 남편 앞에서 다시 아프면 안 된다는 간절함이 솟구쳤다. 저 편안한 얼굴에 세월의 흔적이 좀더 깊게 앉을 때까지는 아내의 역할을 충실히 해야 한다. 손잡고 서로의 지팡이가 되어주고, 등을 긁어주고, 시린 잠자리 서로 데워주며 살아야 한다.

훗날 그 노부부와 반대 상황일 때 난 더 따뜻하게 남편을 보듬어

주어야 한다. 의사의 재발 우려에 대한 발설은 긴장이 풀어진 내게 주는 경고일 것이다. 구순을 넘게 사신 외할머니의 혈육이 아닌가!

  내 뜨거운 시선을 느꼈는지 남편이 눈을 뜬다. 내 얼굴에 쓰인 걱정을 읽어낼까 두려워 얼른 밝은 목소리로 남편을 끌고 나온다. 노부부가 앉았던 벤치. 아직 온기가 있다. 그들이 앉았던 자리에서 그 모습으로 있으면 그만큼 나이 들 때까지, 그들처럼 다정하게 살 수 있을 것 같다. 깊은 호흡을 한다. 남편은 아무것도 모른다. 그저 아내가 나가자니 잠결에 일어나 손을 잡아준 것뿐. 그런 남편을 위해 나는 다시 마음 끈을 힘껏 조여야겠다.

공원에서

 집 근처 공원에 나가는 일이 유일한 소일거리가 된 지 1개월쯤 되었다. 집 안의 문이란 문은 죄다 열고, 지나가는 꽃바람과 소음공해까지 모두 불러들여도 외로움을 견디기 쉽지 않다. 견디는 일에 지쳐갈 때쯤 운동화를 꺼내 신고 내달리는 곳이 있다. 야트막한 산을 잘 다듬어 가꾼 공원.
 심은 지 얼마 되지 않은 소나무가 몇 그루 있고 군데군데 운동기구와 벤치가 있다. 공원 길 양쪽엔 통나무를 반쪽으로 쪼개 깔아놓아 걷기에 지루하지 않다. 중앙은 몇 구역으로 나뉘어 작은 꽃나무들과 잔디가 있다. 그곳을 배회하듯 걸은 지 일주일째.
 딸네 아이를 봐주러 와서 석 달여를 지내고 있다는 여인을 만났다. 그도 나처럼 이 공원 말고는 갈 만한 곳도 모르고, 아는 사람도 없다고 했다. 서로의 건강에 대한 이야기를 나누었다. 암 환자에게는 홍삼이 좋다는 이야기를 해주었다. 알고 있는 이야기지만, 따뜻한 마음이 느껴졌다. 서로 약속은 하지 않았지만, 이곳에 나오면 만날 수 있으리라는 기대를 안고 헤어졌다. 그러나 며칠째 여인은 보이지 않았다. 가끔 몇 번 만난 것이 전부인 인연이지만 아쉬웠다. 통성명하고 연락처라도 받아둘 걸 하는 후회가 밀려왔으나 어쩌랴.

공원 윗부분에서 아래로 약간 내리막길을 걷자니 풀밭에 비둘기 가족이 종종거리고 있다. 둥지 틀 만한 곳을 찾다 지친 것인지, 사람에 익숙한 것인지 내가 가까이 다가가도 놀라지 않는다. 비둘기 가족이 둥지를 떠나 객지에 와 있는 내 모습 같다. 아는 사람이라곤 하나 없는 도심지에서 이리저리 배회하는 나와 다를 게 없다. 남편이 출근하고 나면 온전히 혼자다. 책을 읽어도 내용이 가슴에 스며드는 게 아니라 활자만 눈앞으로 스쳐갈 뿐이다. 비둘기가 부리로 열심히 외로움을 쪼듯 나는 발바닥으로 느릿느릿 외로움을 밟는다. 행여 동병상련의 친구 하나쯤 만날 수 있지 않을까 내심 기대하며….

한참 비둘기에 눈이 팔렸을 때 비틀거리는 그림자가 다가온다. 얼마 동안을 혼자서 몸부림쳤는지, 땀에 전 행색이 추레하기 짝이 없는 아저씨다. 지팡이를 짚어야 마땅할 걸음이지만, 과감히 팽개친 듯하다. 한 발 한 발 떼는 것을 바라보는 내 마음이 불안할 지경

_공원에서

이지만, 정작 본인은 자랑스럽기 그지없다는 표정이다. 풍에 맞아 1년 이상 방안에만 갇혀서 토방에 놓인 신발을 하염없이 바라보던 우리 아버지 같다. 강인한 의지로 병석을 털고 일어나 오늘 처음 신발을 신어본 사람일지도 모르겠다. 얼마나 자랑스러우랴. 불운한 운명을 떨치고 일어서서 자력으로 촉촉한 길을 걸을 수 있음이.

비둘기도 조용히 그 발소리를 듣는 것 같다. 무어라 알아들을 수 없는 저들만의 대화마저 그치고 마치 그 아저씨의 걷는 연습에 응원이라도 하는 듯 초롱초롱한 눈빛으로 바라보고 있다. 나는 비둘기를 보고, 비둘기는 그 아저씨를 보고, 그 아저씨는 자신의 걸음을 보고 있다. 순간 외로움 따윈 어디로 갔는지 나는 그 아저씨의 비틀거리는 걸음에 마음으로 박수를 보내었다.

걷는 것조차도 마음대로 하지 못하는 사람을 보면서 내가 가지고 나왔던 외로움은 순식간에 사라졌다. 가고 싶은 곳에 마음대로 갈 수 있는 이 든든한 다리를 가지고 있음이 얼마나 행복하고 축복받은 일인가. 그것을 알아채지 못하고 축 처진 어깨로 배회한 자신이 새삼 한심하고 부끄럽다.

이튿날 다시 그곳에 갔을 때 비둘기 가족은 어디로 갔는지 보이지 않았다. 그들도 어쩌면 현실이라는 각박한 세상에 내몰린 자신을 한탄하기보다는 주어진 환경에서 최선을 다해 견디기로 작정한 것인가. 그들이 오종종 모여서 노닐던 풀밭에 앉는다.

멀리 전광판에 'KTX광명역'이라는 글자가 깜빡이다 흩어지기를 반복한다. 하늘의 구름도 오늘은 제 길을 열심히 달리고 있다. 외로움을 털기 위한 방황이 아니라 건강을 챙기는 산책으로 마음을 바꾸었다. 집 가까이에 만만하게 이용할 수 있는 공원이 있다는 게 감사하다.

세신사와 나

　오십 중반의 여인. 앞뒤 머리를 뒤쪽으로 모아 핀을 꽂고 속옷만 걸친 채 손님을 맞이하는 그녀는 건강해 보인다. 눈을 마주한 짧은 순간 밝게 웃을 때 보이는 하얀 이가 참 가지런하다. 당당하고 자신감에 찬 미소가 인상적이다.
　나의 주문을 기다리는 그녀에게 벽에 붙은 안내문에 쓰인 여러 경우 중 '얼굴+때'를 주문했다. 그녀의 안내에 따라 가리개가 쳐진 공간에 놓인 침대에 반듯하게 눕는다.
　건강에 문제가 생기면서부터 목욕관리사의 손길을 빌리게 되었다. 처음엔 젊은 사람이 타인의 손을 빌려 내 몸의 때를 벗기는 일이 영 불편하고 어색했지만, 반복되다 보니 한결 자연스러워졌다. 이후 가끔 그녀의 도움을 받고 있다. 그 손길에 길들었음인지 이제는 몸이 먼저 그녀를 찾는다. 매일 집에서 하는 샤워만으로는 개운하지 않다는 생각이 몸의 때처럼 단단히 붙어버렸다. 그래도 서민의 주머니 사정으로 자주 그녀의 손길을 빌릴 수는 없어 벼르고 별러 찾곤 한다.

눈을 감고 그녀의 손길에 전신을 맡긴다. 물기가 빠져버린 푸석한 얼굴에 즉석에서 간 싱싱한 오이즙을 정성스럽게 붙인다. 눈과 입을 제외하고 얼굴 곳곳에 꼼꼼하게 남은 오이즙을 얹는다. 상큼한 오이 향에 취해 슬며시 눈을 감는다. 그때 오른쪽 발끝부터 손길이 닿기 시작한다. 발끝에서부터 발등, 뒤꿈치까지 씻어가는 그녀의 손놀림이 재바르다. 그리고 또 종아리부터 무릎과 허벅지까지 때수건을 양손에 끼고 전신을 훑어 내리는 손길이 야무지다. 내 전신이 흔들릴 정도로 그녀는 팔과 손의 힘만이 아니라 전신의 힘으로 열중하고 있다. 종일 몇이나 이렇게 맞았을까? 문득 내가 원고를 샅샅이 읽고 살펴 오탈자를 찾는 일과 같다는 생각이 든다.

그녀는 내 몸을 네 부분으로 나누어서 부분별로 최소 세 번 이상 때를 민다. 티끌만 한 때 조각도 남기지 않겠다는 각오인 듯 앙다문 그녀의 입술에서 굳은 의지가 느껴진다. 내가 편집되어 나온 원고를 받아서 3교까지 교정과 교열하는 것과 똑같지 않은가.

거친 숨을 몰아쉬며 현란하게 손을 움직이는 그녀가 애잔했다. 때를 벗겨달라고 대가를 지급한 많은 여인이 만족한 미소를 지어줄 때 그녀는 비로소 앙다문 입술이 벌어지겠지. 온몸의 힘이 다 빠지고 팔에 쥐가 나도록 힘들여 밀었는데 행여 어느 구석에 남은 때가 있을 때의 낭패감, 그것은 내가 완벽하게 교정을 보았다고 자신하고 넘겨 발간된 책에서 오자나 탈자가 발견되었을 때와 다를 게 없을 것 같다. 밀고 또 밀고, 한곳에 대체 몇 번이나 그녀의 손길이 스치는지 헤아려 보았다. 이십여 번은 족히 되었다.

그녀의 수고만큼 깔끔해져야 할 텐데. 그녀에게 만족감을 주고 싶은 맘이 간절하다. "힘들지요?" 하며 조금 개운하지 않은 곳은 살짝 손으로 가리켜 해결할 수 있게 했다. 내 눈길이 그냥 스쳐버려 티를 잡아내지 못할 때 그 활자들의 마음도 그랬을까? 어쩌면 내가 읽어 내리는 문장의 활자들도 나에게 어서 자신을 발견해 달라고 간청했을지도 모르겠다는 생각이 든다.

세신사에게 나의 알몸 보이기를 망설였던 것처럼, 어쩌면 작가들도 자신의 내면이 오롯이 담긴 글을 내게 맡기는 일은 대단한 용기가 필요했을 것이다. 내가 그녀에게 알몸을 맡기는 부끄러움과는 비교할 수도 없으려니 싶다. 그러나 용기를 내어 그녀에게 몸을 맡기면 몸뿐 아니라 마음조차 개운해진다. 잠깐의 부끄러움을 참으면 이렇게 말끔해지는 것처럼, 작가들도 발간된 책에 오탈자나 치명적인 오류 없이 깔끔할 때 만족스러울 것이라는 생각이 든다.

오랜만에 그녀를 찾은 오늘은 더욱 때가 많이 나오는 것 같아 미안한 맘에 죄송하다고 말씀드리니 오히려 고맙다고 한다. 내가 글을 대할 때 눈을 크게 뜨고 하나의 오자라도 더 찾아내기 위해 애를 쓰는데 하나도 눈에 띄지 않을 때 힘이 더 드는 것처럼 그녀 또한 그런 맘일 것 같다. 반면 너무 잡아낼 것이 많을 때는 눈길이 더 많이 머물러야 하고, 더 여러 차례 반복해서 읽어야 하는 것처럼 그녀도 그러하리라.

그녀의 마음이 매끄러워진 내 몸에서 느껴지듯이 내가 어느 작가의 글을 받아서 꼼꼼하고 정성스럽게 다듬어 내면 그만큼 글도 반질거려진다. 많은 세신사가 있지만, 꼭 한 번 만났던 분이 근무하는 시간에 맞춰 찾아가듯, 내 교열 교정이 맘에 든 작가는 또 나를 찾곤 한다.

남의 몸을 깨끗하게 하는 세신사와 남의 글을 매끄럽게 다듬어 주는 나는 똑 닮았다. 나는 오늘도 세신사가 되어 저자가 벗어 놓은 활자와 문장을 깨끗하게 다듬는 일에 최선을 다한다.

마부 439

마부는 자기 덩치보다 훨씬 큰 말의 고삐를 잡고, 두려움에 떨고 있는 내게 맑은 눈빛과 천진한 미소를 보이며 내가 말 등에 안전하게 올라앉을 수 있도록 배려해 주었다. 그의 손길을 따라 두려움에 떨면서 말 등에 앉았다.

마부의 고삐에 잡힌 말은 경사가 만만찮은 산길을 서서히 오르기 시작했다. 제주에 가서 잠깐 말을 타본 경험이 전부인 내게 몸과 맘의 중심 잡기는 무척 힘겨웠다. 엉덩이의 위치를 잘 잡지 않으면 엉덩이가 까져서 무척 고생할 거라는 안내원의 귀띔을 생각하며 자세를 이리저리 고치려 애썼지만 그럴수록 몸이 자꾸 흔들려서 떨어질 것만 같았다. 손에 쥐가 날 정도로 힘을 주어 말의 등에 부착된 손잡이를 잡고 한참을 걸었다 싶었을 때, 말도 지쳤는지 가끔 다리를 꺾어 주저앉기도 하고, 헉헉 내쉬는 거품 문 숨소리가 딱딱한 엉덩이 의자에 닿는 통증처럼 느껴졌다.

  흙보다 돌이 더 많은, 말과 말이 마주 오면 어깨 펴고 마주 지나기 힘들 정도로 폭이 좁은 길을 마부는 용하게 잘 인도했다. 말과 고객의 안전을 챙기면서 정작 자신의 팔과 다리는 주변의 나무에 긁히고, 비스듬한 자세로 금세 넘어질 듯 위태로운 상황에서도 말을 끄는 일에 최선을 다했다. 그의 얼굴에는 그저 천진한 웃음만 있을 뿐이었다.

  깡마른 그의 등에 지워진 가족들의 생계를 그려보았다. 가족을 위해 힘겨운 일을 힘겹다고 말하지 않고, 위험한 상황에서도 위험을 느낄 겨를 없이 험한 산길에서 지치지 않고 말을 끄는 것이리라. 부모님은 모시고 살까? 아이는 몇이나 두었을까? 아내는 지금 임신 중일는지도 모른다.

  산비탈을 오르는 말들의 배설물이 바닥 여기저기에 깔려, 돌과 돌들 사이에 흙보다 더 많다. 방금 실례한 것들을 피할 생각도 없이 가끔은 밟고 지나기도 하지만, 전혀 개의치 않았다. 가장이란 저런 것인가!

  아버지는 젊은 시절에 일 년이라는 기간을 정하고 남의집살이를 하였다. 내 기억 속에는 가끔 옷가지를 한 보따리 싸 들고 밤중에 왔다가 새벽이면 바쁘게 길을 떠나는 아버지의 모습이 각인되어 있다. 아버지와 어머니의 아쉬운 작별을 이불 속에서 가만히 숨죽이며 들었다. 보름에 한 번 정도씩 아버지의 노고가 땀방울로 녹아든 옷가지들을 가지고 와서 어머니가 깨끗하게 세탁해 놓은 옷으로 바꾸어 가곤 했다.

내가 초등학교 저학년 때였을 것이다. 어머니의 심부름으로 아버지가 일하는 곳에 찾아간 적이 있었다. 겨우 찾아 들어간 대궐 같은 집 마루에는 깔끔하게 한복을 차려입은 수염 하얀 할아버지가 앉아 있고, 젊은 청년은 마당을 쓸고 있었다. 그 위엄에 선뜻 들어가지 못하고 대문 옆에서 기웃거리고 있을 때 긴 바지를 다리 정강이까지 돌돌 말아 올리고 흙탕물이 잔뜩 묻은 지게를 맨 아버지께서 힘겹게 걸어오셨다. 나를 발견한 아버지의 표정은 반가움보다 당황스러움이 짙었다. 자식에게 보이고 싶지 않은 모습이었던 것일까? 어린 마음에도 아버지의 숨기고 싶은 모습이었음을 감지할 수 있었다. 그 후로는 두 번 다시 아버지 일터에 가본 적이 없었다.

왠지 마부의 등이 내 아버지의 등만 같았다.

말이 출발하기 전, 대기 중인 말과 마부를 선택하여 손님을 태우는 사람은 한국인이었다. 그곳의 주인 같기도 했다. 일할 순번을 기다리고 있던 마부 중 한 사람이 그에게 내침을 당했다. 심한 상소리를 하면서 저리 꺼지라고 할 때, 말보다 더 커진 마부의 눈에서는 금방 떨어질 것 같은 눈물이 글썽거렸다. 무엇이 주인의 맘에 들지 않았는지 알 수 없지만, 그는 오늘 하루 허탕을 친 것이다. 그를 기다리는 가족들에게 빈손으로 돌아가야 하는 가장의 뒷모습이 말의 등에 앉아서 내려다보는 마부와 겹쳐졌다. 힘겨운 비탈길을 맨발로 숨차게 오르더라도, 오늘 선택을 받은 마부는 그래서 콧노래를 부르듯 밝은 표정으로 일하는 것이리라.

가끔 뒤를 돌아보며 어눌한 우리말로 "괜찮아요?" 묻곤 하는 그의 마음이 따뜻하게 느껴졌다. 필요한 우리말 한두 마디는 할 줄 알고, 고객들이 자주 하는 말은 의미도 통하는 듯싶었다. 가끔 경사가 급한 길을 오를 때 내가 "무서워요."라고 하면 그는 "무서워? 파이팅!"이라고 격려도 해주었다.

나이를 가늠할 수는 없었지만, 검은 피부색에 깡마른 체구. 그는 품질 좋은 등산화를 신고 오르기에도 버거운 돌산을 발가락 사이에 슬리퍼 고리를 걸어 신는 신발을 신고 잘도 올랐다.

하늘에 닿을 것처럼 높은, 필리핀의 따가이따이 전망대 따알 화산에서 만난 마부 439였다.

명절 단상

평년보다 빨리 찾아온 추석을 앞두고 비가 내린다. 이제 명절이라야 찾아갈 시부모님도 안 계시고 친정어머니도 하늘나라로 주소를 옮기셨으니 괜스레 서글퍼진다. 휑뎅그렁한 안방에서 창밖을 바라보고 선다. 고향으로 빠져나간 사람들을 대신하여 빈집을 지키는 나무들이 떨구는 눈물이 붉다. 그 사이로 음식을 만들다 식재료가 부족했는지 중년의 여인이 우산을 쓰고 종종걸음이다. 역 귀성한 이웃에서 흘러나오는 기름 냄새가 쓸쓸한 마음을 부추긴다. 책을 펴도 활자만 스칠 뿐 내용이 들어오지 않는다. 잠시 누워 보아도 무어라 말할 수 없는 허전함이 뒤척이게 한다. 다시 창가에 선다. 주차장에 몇 대 남은 차들 위로 방울방울 떨어지는 빗방울도 고향으로 흘러가는 것만 같다. 지나간 것은 즐겁고 행복한 것이 아니라도 지금 재현할 수 없는 것들은 추억이고 그리움인가. 몸은 고달팠지만 온 가족이 모여 복닥거리던 그때가 손에 잡힐 듯 그려진다.

출산예정일을 불과 일주일 앞둔 추석 전날. 소읍에서 신혼살림을 하던 나는 버스로 30여 분 거리에 있는 시댁에 갔다. 불을 때던 아궁이를 뜯어내고 입식 부엌으로 고치느라 온 집 안이 난장판이었다. 시부모님과 형님 내외분, 어린 조카들까지도 마무리 집 단장에 여념이 없었다. 명절 맞이 단장이었겠지만 음식 만드는 일은 시작도 못 하고 허둥대는 분들을 대신하여 무거운 몸으로 전을 부치고 나물을 무쳤다. 앓는 소리가 입술을 비집고 새어 나왔지만 내색하지 않고 참다 보니 애먼 다리가 퉁퉁 부었다.

결혼이 빨랐던 이유도 있지만, 요리에는 영 솜씨가 없어서 시댁에 가는 일이 참 괴로웠다. 형님이 부모님을 모시고 살 때는 가서 설거지나 자잘한 심부름만 하면 되었지만 분가하신 후로 시댁 가는 일이 어찌나 겁이 나던지. 무엇보다 혼자서 시부모님 밥상을 차려야 하는 일이 그렇게 두려울 수가 없었다. 아버님이나 어머니 입맛에 맞게 잘해야 할 텐데 하는 조바심이 더욱 마음을 힘들게 했지 싶다.

처음으로 형님의 손길이 닿지 않은 저녁을 준비하여 온 가족이 먹던 날은 면접관 앞에 선 수험생 같은 심정이었다. 점수를 후하게 받았는지 박하게 받았는지는 기억나지 않는다. 다만 그 떨리는 경험으로 다음이 조금 수월해졌다는 것뿐.

_ 명절 단상

추석날 아침, 어수선한 집을 대충 정리한 후 차례를 지내고 큰댁에 갔다. 그곳엔 큰집, 작은집의 아들 며느리들이 모두 모여 있으므로, 만삭인 나는 부엌에서 밀려나 조카들과 마루에 앉아 있었다.

갑자기 배가 아팠다. 심하게 아프다가 거짓말처럼 아프지 않다가 종잡을 수가 없었다. 첫 아이라서 이 증상이 산전 진통인 줄도 모르고 남편과 함께 읍내 집으로 왔다. 그냥 쉬면 될까 했으나 계속되는 진통에 불안하여 산전검사를 받아왔던 전주에 있는 병원에 가기로 했다. 예정일이 일주일이나 남았다는 안일한 생각으로 반복되는 진통에도 직행버스에 몸을 실었다. 차를 타고 달리는 한 시간이 하루 같았다. 전주에 도착해서는 한 발도 뗄 수 없을 정도로 진통이 심했다. 그제야 서둘러 택시를 잡아탔다. 그날 저녁 7시에 3.4킬로그램중의 아이를 낳았다. 추석 명절에 태어난 아들은 매년 온 가족의 생일 축하를 받는다.

지인의 집은, 결혼하고 두 번째 명절부터 시댁에 아예 오지 않는 아들 며느리 때문에 명절이면 초상집 분위기라고 한다. 며느리는 그렇다손 치더라도 아들이라도 손주들을 데리고 와주기를 바라지만 매번 공염불이 되고 만단다. 손자 손녀가 눈물겹도록 보고 싶은 노부모는 왜 이 지경이 됐는지 아무리 곱씹어도 원인을 알 수 없다니 보는 마음이 짠하다.

시댁에 가는 일이 참 큰일이고 두려웠던 시절이 어제만 같은데. 이제는 갈 곳 없는 처량한 신세가 되었다. 명절이면 찾아오는 일가 친척들의 밥상을 차리고 다과상을 내느라 육체적으로는 고단했어도 모두 모여 시끌벅적 음식을 나누어 먹던 때가 내 삶의 봄날이었다. 대가족의 구성원으로 사는 일이 핵가족으로만 사는 삶보다 훨씬 행복한 일이라는 것을 뒤늦게야 깨달았으니 지인의 며느리를 탓할 일만은 아닌 듯싶다.

명절에 갈 곳 없는 내게 이제 명절증후군을 앓는 이들은 차라리 부러움의 대상이다.

병실 소동

병실은 새벽부터 소란하다. 간호사들 발걸음 소리와 혈압과 체온을 재기 위한 장비가 실린 카트 소리와 옆 침상의 부스럭거리는 소리 등 밤늦게 잠자리에 든 나에겐 꽤 짜증스러운 소음이다. 동시에 건너편 침상 할머니 환자의 앓는 소리가 고막을 울린다. 이어 그의 보호자인 듯한 중년 여자의 통화음이 날카롭다.

"내가 봉이냐고, 오지 못하면 돈이라도 내놓던가."

긴 시간 혼자서 어머니 병상을 지켜서일까? 그녀에게도 가정이 있고, 나름의 생활이 있을 테니 오랜 기간 어머니 수발을 들다 보니 짜증도 났을 터이다. 그러나 그런 화풀이 통화를 환자인 어머니 곁에서 해야 할까?

알 수 없는 화가 치미는 순간. 사십 대부터 병마에 붙들려 건강한 모습을 본 기억이 가물거릴 정도로 자식의 돌봄이 늘 필요했던 엄마와 그 엄마를 소리 없이 보살펴 온 동생의 모습이 겹쳤다.

사십여 년을 그렇게 말없이 지내온 동생의 심정도 저러할까?

얼굴에 인상 한 번 쓰지 않고 오히려 누나까지 챙기는 동생은 별종이다. 맏형 몫까지 다하면서도 나만 봉이냐는 단어를 아예 모르는 바보다. 굴지의 회사에 다니는 것도 아니고 그렇다고 안정된 공직생활을 하는 것도 아니다. 중견 회사에서 밤낮으로 일하며 전업주부인 아내와 두 아이를 둔 가장이다. 그러면서도 건강하지 않은 어머니와 장가 못 간 형의 뒷바라지를 도맡아 해오고 있다. 한동안 어렵게 살았던 이 누나까지도 명절이나 생일 때면 잊지 않고 챙기는 천사 같은 동생.

그런 동생이 오늘따라 몹시 보고 싶다. 오빠 같은 동생에게 어리광이라도 부리고 싶어 휴대전화를 드는 순간 건너 병실에서 싸우는 소리가 들린다.

무슨 일일까? 잠시 귀를 기울이다 가물거리는 소리를 명확히 듣고 싶어 그쪽으로 조심스럽게 걸어간다.

특실이다. 한쪽에서 우는 보호자가 있는 것으로 보아 환자가 곧 운명을 앞둔 모양인데 자식들끼리 싸움이 벌어진 것이다. 무슨 잘못을 했는지 병실에 들어오지 못하게 하는 몇에게 쫓겨난 사내가 소리를 지른다.

"나도 자식이라고."

대학병원 특실 하루 입원비를 생각하면 꽤 재산이 많은 환자인 모양이다. 건강할 때 재산 분배를 하지 않은 집안의 전형이리라. 서로 재산을 많이 차지하기 위해 죽음을 앞둔 부모에게 환심을 사서 유서를 다시 쓰게 하거나 바꿔치기하는 수법은 이미 일일드라마 등에서 많이 보아 왔다. 그럴 때 유산을 좀더 많이 받은 자식이 덜 받은 자식에게 나누어 주는 예를 본 적이 없다. 가난한 형제가 자기의 벼 낟가리에서 서로의 낟가리에 가져다 쌓아주는 동화 속의 장면은 말 그대로 동화일 뿐인 세상이다.

수고는 싫고 상은 좋아하는 세대다. 어려서부터 울고 떼 부리면 그것이 가슴 아파 무조건 해결해준 탓일 것이다. 대가에는 반드시 수고가 따른다는 것을 일찍이 교육했더라면 지금의 사태는 벌어지지 않았을지도 모르겠다. 노모가 얼마 동안 병원 생활을 했는지 모르겠지만, 적어도 죽음을 앞둔 어머니 앞에서 유산을 놓고 저토록 꼴불견을 연출하지는 않았으리라. 무언가를 얻기 위해서는 반드시 그 대가를 지급해야 한다는 것을 습득하지 않은 이들의 욕심이 부른 추태다.

병상에 돌아와 가만히 생각하니 그들을 비난할 처지가 아니라는 자책이 든다. 이제 병마까지 얻었으니 나는 어머니 살아생전 내 몫까지 다하는 동생에게 빚을 갚을 수 있을까 싶지 않다. 훗날 누나는 엄마 임종 지킬 자격 없다고 병실 밖으로 밀쳐낼 동생도 아니지만, 설령 그렇다 해도 할말이 없을 것만 같다.

기웃거리다

　일주일에 한 번씩 병원에 간다. 지난 2월부터다. 1회 주사만으로도 죽을 만큼 힘들었던 4회 항암을 마치고 12회에 걸쳐 맞아야 하는 꽤 순한 항암 주사를 맞기 위해서다.
　항암 맞은 지 벌써 5개월째다. 이제 병원에 가는 일이 옆집 지인과 차 한 잔 나누기 위해 방문하는 것 같다. 그러다 보니 눈에 익은 동병상련의 환우들이 많다. 휴식을 취하고 싶어 침대에 누워 있으면 금세 친절한 눈빛이 커튼을 들춘다. 그동안 "아니오."란 말을 못 했기에 암과 친구가 되었을 거라는 지인들의 권고가 귀에 딱지를 만든 지금도 그러하지를 못한다. 화들짝 반가운 미소를 지으며 일어나 그녀와 동행한다. 복도 이쪽 끝에서 저쪽 끝까지 걷는 걸음은 백여 보. 링거가 걸린 봉을 밀면서 늘 하던 이야기를 나누며 걷는다. 나는 주로 듣는 처지고 반복된 내용이라서 그리 재미있는 시간은 아니다. 면역 관리가 중요하고 매일 운동하고 스트레스받지 않아야 한다는 등의 뻔한 이야기.

오늘 나의 쉼을 방해한 이는 조금 더 반복적인 말을 많이 하는 언니다. 귀는 그녀의 이야기를 향하고 있으나 눈은 병실마다 입구에 설치된 전자시스템에 뜬 환자들 이름을 읽는다. 무심코 눈에 띈 '정을x'. 불현듯 겹치는 이름 하나. '정을순'. '혹 고2 때 같은 반 친구?' 순간 반갑기도 하고 하필 이런 곳에서 만나야 할까 괜스레 가슴이 방망이질했다. 복도를 몇 번 더 왕복한 후 그녀와 헤어져 병실에 왔다. 그러나 쉬어야겠다는 생각은 이미 달아나고 궁금증이 몸을 일으켜 세웠다.

몇 호인지 확인하지 못한 것을 질책하며 다시 방마다 설치된 안내 시스템에 오른 이름을 확인하며 걷는다. 긴 복도엔 병실이 열세 개. 일곱 번째 병실에서 다시 만난 '정을x'. 키가 좀 크고 습관적으로 작은 입에 힘을 주어 더욱 작게 옹그린 입을 가진 정을순. 그러나 병실만 확인하고 다시 내 침상으로 돌아왔다.

지난해 간암으로 세상을 떠난 친구도 고2 때 우리 반 친구 아니었던가? 이 친구마저 정말 내가 생각하는 그 친구라면?

창밖으로 시선을 던졌다. 유유히 흐르는 구름은 파란 하늘을 융단 삼아 잘도 노닐고 있는데 내 마음은 잿빛이다. 마음을 다잡기 위해 유튜브에 연결하여 엿장수 난장에서 하는 시시껄렁한 공연을 보다가 전자성경을 틀어 이어폰을 꽂고 찬송가를 듣다가 이래저래 맘을 진정시키려 해도 쉽지 않다. 그래 확인해 보자. 삼십 년 만에 만나는 친구 아닌가? 하필 이곳이어야 하는 게 안타깝지만 그렇다고 반갑지 않은 건 아니잖은가.

용기를 내어 무거운 발걸음을 다시 옮긴다. 4201, 4202, 4203…. 4207에 가까워질수록 마음이 더 요동치고 두려워진다. 그 병실에서 담당 간호사가 나온다.

"혹 이 방 환자 정을순 님이세요?"

"네."

"혹 1966년생인가요?"

"네 아마 그 정도일 거예요. 왜요?"

대답을 못 하고 죄를 지은 사람처럼 손으로 입을 가리고 황급히 돌아섰다. 확인했지만 당장 "을순아!"하고 들어갈 용기가 나지 않았다.

아픈 모습 나에게 보이고 싶지 않을지도 모르겠다는 생각이 들었다. 다음에 많이 치유된 후에 보아도 되겠지. 맘을 다독이고 자리로 돌아왔지만, 자꾸만 운동이 나가고 싶어진다. 행여 복도에서 우연히라도 마주칠 수 있지 않을까. 얼굴은 알아볼 수 있을까?

그 시절 친구의 모습을 그리며 다시 병실을 기웃거린다. 그러나 침상 커튼이 젖혀지려는 듯 움직임이 감지되는 순간 나는 또다시 황망히 돌아서고 말았다.

일주일 후 다시 병원에 갔다. 4102호 병실에 안내되었다. 6인실 가운데로 꽤 불편한 자리였다. 입원 안내 문자를 받을 때마다 좋은 자리 배정받기를 기원하나 복불복이다. 칸칸이 커튼으로 단단히 보호막을 치고 자기 구역을 지키고 있는 환자들 사이 배정받은 칸의 커튼을 젖히고 들어가 짐을 풀고 환의로 갈아입었다. 키와 몸무게를 재러 나가려는 순간 "정을순 님!"하고 부르는 소리가 들렸다. 그때 바로 옆 침대서 "네" 하는 소리가 더 크게 들리는 것이 아닌가. 그 자리에 얼어붙은 듯 잠시 멈춰 있다가 용수철처럼 커튼을 젖혔다. 확인하고 싶었던 그녀가 아니었다. 놀라는 그녀에게 눈인사하고 달아오른 얼굴을 돌렸다. 그립던 친구가 환자가 아니어서 다행스럽기도, 보고 싶던 친구가 아니어서 아쉽기도 했다.

사과

"지금 뭐 해? 당신이 싸준 사과 참 맛있네."

원고 마감일을 맞추기 위해 세수도 하지 않고 책상 앞에 앉아서 씨름하고 있는데 남편에게서 전화가 왔다. 사과가 빨갛게 익으면 의사의 얼굴이 파래진다는 말이 있을 정도로 사과는 건강에 좋다고 한다. 건강에 좋다니 천만다행인 게 나는 과일 중에서 사과를 제일 좋아한다. 일 년 내내 사과가 냉장고에서 떨어지지 않는다. 사과가 떨어지면 먹을 게 아무것도 없는 것처럼 허전하고 슬프다. 냉장고에 사과가 있음에도 맛있어 보이는 사과를 만나면 또 사서 쟁이는 습성이 있다.

며칠 전 중학교 때 친구에게서 톡이 왔다. 시누이네가 사과농장을 하는데 구할 거냐고. 경상북도에서 사과농장을 하는 시누이 남편이 아파서 농장 일을 제때 못해 고생하고 있다는 말을 들은 지 얼마 되지 않아서였다. 내가 직접 맛보지는 않았지만 한 상자를 주문했다. 맛에 대해 반신반의하는 내 반응이 석연치 않았던지 친구는 다시 카톡을 했다. 자기는 먹어봤는데 맛있다고. 그 말에 힘을 얻어 전주에 있는 딸과 김제에 사시는 선생님과 제주에 사는 언니 것까지 주문했다. 만날 도움만 받았던 두 분께 작은 마음이라도 전할 수 있음에 기쁜 마음으로. 그러나 받으면 바로 냉장고에 넣어야 한다는 말과 여름 사과라는 말을 주의 깊게 들었어야 했는데….

다음 날 기다리던 사과가 도착했다. 상자를 열어보니 알이 실하고 하나하나 하얀 망으로 정성스럽게 포장되었고 때깔도 고왔다. 크기는 고르지 않았지만 대체로 굵었다. 외형상으로는 특상품이었다. 저녁 시간이라서 하나 깎아서 맛을 보지는 못하고, 창고에 식량을 저장하듯 김치냉장고에 잘 정리했다.

이튿날 아침 식사를 하고 사과를 깎았다. 친구에게 잘 받았다고, 맛이 어떻다고 말을 해주어야지 싶었다. 칼이 들어가는 순간 느낌이 왔다. 퍼석했다. 사과를 무척 좋아하지만, 나는 퍼석한 사과는 먹지 못한다. 억지로 조금이라도 먹으려면 목구멍에서 자꾸 거부반응을 일으킨다. 참고 몇 조각 먹다 보면 구역질까지 난다. 사과는 아삭거리고 식감이 좋은 것을 좋아한다. 시고 단맛이 좀 덜하더라도 씹히는 맛을 좋아하는 나의 사과 식성에서 벗어나도 너무 벗어났다. 이걸 어쩐담!

사과를 깎으면서 난감해하는 나를 보고 남편이 말했다. "이 사과는 내가 다 먹을게. 당신은 저번에 산 아삭거리는 사과 먹어." 남편이라도 잘 먹겠다니 걱정이 다소 누그러졌지만, 제주와 김제로 간 사과를, 이 미안함을 거둘 방법은 없을까?

글이 자꾸 길을 잃는다. 가려던 길로 곧게 나가지지 않고 자꾸 곁길로 새거나 쓸데없는 것들과 해찰을 한다. 정신을 가다듬기 위해 세수를 하고 외출할 일도 없는데 화장을 한다. 하루 절반이 지난 시간에 화장은 여간 급한 용무가 아닌 이상 하지 않는 일인데 사과와 풀리지 않는 글 때문에 안 하던 짓을 해본다. 화장을 마치고 책상 앞에 앉으려는 순간 전화가 온다. 제주에 사는 아동문학가 김란 언니다.

"동생, 무슨 사과를 보낸?"

이실직고했다. 내가 먼저 맛을 보고 난 후 결정했어야 했는데…. 맛없는 사과를 보내서 죄송하다고. 언니의 반응은 예상을 벗어났다. 제주에서는 만나기 쉽지 않은 육지 과일이기 때문에 어지간하면 다 맛있단다. 다행이다. 그렇게 말해줘서.

냉장고에 잘 보관하고 먹다가 상태가 더 안 좋아지면 사과잼을 만드시라고 했다. 요리도 잘하지 못하면서 언젠가 요리강좌에서 들었던 기억을 더듬어 레몬과 계핏가루를 넣어 만들면 참 맛있노라고. 맛없는 사과 처치 곤란해할까 봐 꼭 잼을 만들어 드시라 신신당부를 했다.

딸에게서도 전화가 왔다. 아직 깎아 먹어보지는 않은 모양이다. 그저 고맙다고 잘 먹겠다고만 하는 걸 보니. 딸은 나보다 더 사과 맛에 대한 편력이 심하다. 퍼석거리는 사과는 아예 손도 대지 않는다. 큰일이다. 사과잼을 만들러 전주에 내려가야 할 모양이다.

친구가 맛있다고 거짓말을 했다고는 생각지 않는다. 맛이 있다 없다는 개인의 차이가 있을 터이다. 특히 사과는 다양한 맛이 있어 선호도에 차이가 있다. 신맛이 강한 것이 싫다는 사람, 너무 아삭거리는 사과는 싫고 부드러운 식감이 좋다는 사람, 신맛이 없고 단맛만 있어서 좋다는 사람, 단맛은 없고 신맛만 있어서 싫다는 사람. 어쩌면 친구는 부드러운 식감에 시고 단맛이 있는 사과를 좋아하는 모양이다. 그 사과는 퍼석거리지만 않으면 내가 좋아하는 시고 단맛이 강하고 즙도 많았다.

누군가에게 무언가를 권하는 일이 쉽지 않음을 다시 한번 생각하게 된다. 내게는 좋다고 생각되는 일이 다른 이에게는 그렇지 않게 느껴질 수도 있기에.

주말에 고향 선배님이 인사동에서 하는 미술 전시회에 가자고 약속 잡은 지인이 있는데 그의 기호를 다시 살펴봐야겠다. 그 미술 전시회에 대해서 내가 아는 대로 좀더 꼼꼼하게 설명하고 동행할 건가에 대해 다시 생각해볼 기회를 주어야겠다. 나는 개인적으로 존경하는 화가님이기에 무조건 가고 싶고, 가면 후회하지 않는다고 생각하지만, 지인은 또 다를 수도 있으므로. 내게 맛있는 사과가 그에게도 맛있는 사과일 수는 없는 일이므로.

  잠시나마 맛없는 사과를 구해 선물한 것을 후회했던 마음을 다잡는다. 그분들은 부드러운 식감의 사과를 좋아하기를 간절히 바라면서 친구에게 문자를 넣는다.

  "어제 사과 잘 받았다. 좋은 사과 구하게 해주어서 고마워."

03

왼손 엄지손가락

산은 그대로 푸르고

연록의 나무들이 온 산에 푸른 기운을 불어넣는 전주의 ㅎ산에 올랐다. 휴일 오후 늦은 시간이어선지 한산한 편이었다. 등산로 주변 비탈에 핀 달개비 꽃의 보랏빛 웃음이 정겹고, 군데군데 우부룩한 쑥들은 푸른 향을 뿜어주고 있었다.

산은 초입부터 가팔라 숨이 가빴다. 시내에 있는 야산을 스틱에 의지하고도 숨 가빠하는 자신이 못내 무력하지만, 불과 1년 전에 병실의 복도 끝까지만 걷기도 힘겨웠던 때를 떠올리면 그저 감사할 따름이었다.

아름다운 연록의 이파리들을 바라보는 눈길이 연록으로 물들어 마음 안에 흘러들 것만 같았다. 연록에 취해 한참을 오른 중턱에서 봄의 산과는 영 어울리지 않는 한 모습을 발견하였다. 고사목. 고사한 나무의 가지가 끝까지 자신의 다한 운명을 인정하고 싶지 않음인지 몸통에 매달린 채 퍼석하게 말라 있었다. 엷은 바람만 불어도 바스러져 버릴 것 같은 곁가지들이 연록의 잎을 매단 나무들을 뜨기조차 힘겨운 눈으로 바라보고 있는 것만 같았다. 그들의 메마른 시선이 나의 눈 속으로 흘러들어왔다. 며칠 전 꽃처럼 아름다운 언니가 바스러지던 모습이 떠올라 가슴에 싸한 소름이 돋았다. 마지막까지 산소마스크를 쓰고 힘겨운 숨을 쉬던 그녀의 퀭한 눈이 겹쳐졌다.

그녀가 운명하기 일주일 전, 많이 아프다는 소식을 접하고 달려갔다. 물 한 모금 제대로 넘기지 못하였지만, 의식은 또렷했다. 식사 시간이면 본인은 아무것도 먹지 못하면서 자신의 끼니를 먼저 걱정하고 챙기는 너무 착한 분이라는 간병인의 이야기를 들으며 그녀를 가만히 바라보았다. 불과 몇 개월 전 모습과는 너무도 다르게 눈을 똑바로 바라볼 수 없을 정도로 깡말라 있었다. 어떻게 위안을 해야 할지, 어떤 말을 해야 할지 몰라 한참 멍하니 바라만 보았다. 언니는 눈을 뜰 힘조차 없는지 침대에 기댄 채 눈을 감고 있었다.

언니, 지난해 이맘때 병원에서 환우들과 단체로 갔던 진안 마이산 벚꽃 참 예뻤지?

응.

우리 어서 꽃 보러 가야지.

사경을 헤매는 사람 앞에서 그냥 꽃 이야기를 꺼냈다. 우리의 즐거운 추억 속으로 언니를 이끌고 싶었다. 언니는 간병인에게 요구하여 물 한 컵을 10여 회에 걸쳐 마신 지 오 분도 안 되어 모두 토해내고 힘겹게 입을 열었다.

나 살 거야, 나을 거야.

그럼, 그래야지. 언니는 꼭 나을 거야.

내 답변의 잔음이 사라지기도 전에 언니는 더 힘없는 목소리로 말했다.

내가 호스피스병원으로 옮겨서 정리해야겠지?

그 말에는 차마 무어라 답을 할 수가 없어 뼈만 앙상한 그녀의 손을 잡아주었다. 이 손으로 라켓을 잡고 병원에 설치된 탁구장에서 건강을 되찾기 위해 얼마나 열심히 운동하였던가? 암 수술 환자의 요양병원. 언니와 나는 같은 병실에서 4개월여를 함께했다. 고통도 함께하고, 그 대처법도 함께 찾고, 작은 기쁜 일에도 함께 기뻐하며 친자매처럼 정을 쌓았다. 군산에 사는 그녀는 먼저 퇴원하는 나에게 반드시 회복해서 전주 군산을 오가며 이전보다 더 행복하게 잘 살자며 꼬옥 안고 등을 토닥여주었다. 이제 등뼈가 자갈로 문지르는 것처럼 아프다는 그녀의 등을 토닥여줄 수도 없고, 물기가 다 빠져나간 손에 라켓을 쥐여줄 수도 없다. 얼마나 많은 생각이 그녀의 가슴을 후비고 있을지 마음이 뜨거웠다.

그렇게 몇 차례 병문안을 마치고 상경했다. 일주일만 있다가 내려올 테니 그때까지 건강하게 있어야 한다고 다짐을 했지만, 마음이 불안했다. 약속한 일주일이 되기 하루 전, 그녀의 남편으로부터 문자가 왔다. "많이 위독해요." 밤새 기도를 하고 다음 날 전주로 향했다. 눈물이 말라버린 눈은 아예 뜨지도 못하고, 내 목소리를 알아듣는지 못 알아듣는지 반응 없이 숨만 몰아쉬고 있었다. 그동안 고마웠다고, 언니와 함께한 시간 너무 행복했다고 시를 읽듯 언니 귀에 대고 속삭여 주었다. 도착한 지 한 시간여 만에 언니는 살아서는 갈 수 없는 곳으로 떠났다.

그녀를 보내고 며칠 만에 오르는 산. 오십 초반의 한 여인이 그렇게 영영 떠났는데도 산은 그대로 푸르고 사람들은 여전히 산을 오르내리고 있었다.

시들지 않는 꽃

창문에 서성이는 봄 햇살이 수상하다. 어디서 한 움큼 봄을 데려다 놓고 저리 성화일까.

겨울과 봄이 뒤섞인 옷장에서 옷을 꺼내 입는다. 코로나 19에 묶인 외출. 한 달째 일상이 정물처럼 정지되었다. 유리문을 통해서 눈으로만 소통하는 시간이 길어지고, 바람과 햇살과 구름과 나목들도 액자에 갇혀 있었다. 헛걸음이지 않기를 간절히 바라는 마음이 현관문을 급히 닫는다.

3층에서 보이지 않던 봄이 산수유나무에 다닥다닥 붙어 있다. 성질 급한 꽃잎 몇 개는 매화나무에 매달려 활짝 웃고 있다. 칭찬받고 싶은 어린애 같은 햇살 너머로 아른거리는 그곳은 언제나 봄볕처럼 따사롭다.

곧 내 고향 집에도 꽃잔디가 골목을 휘덮고 향기를 가득 피우리라는 생각에 그리움이 밀려온다.

엄마는 흙 묻은 손으로 울안에 찾아온 꽃들을 정성껏 돌봤다. 부러 꽃을 심지는 않았지만, 이곳저곳에 터를 잡은 꽃은 살뜰하게 가꾸었다. 장독대 앞쪽으로 쪼르륵 핀 봉숭아와 키 작은 석류나무가 내 유년의 뜰에 생생하다.

허리 한 번 펴지 않고 일을 해도 좀처럼 풀리지 않던 살림이라 한 뼘도 놀리는 땅이 없었다. 싸리 빗자루로 대여섯 번 크게 비질하면 수확하다 떨어진 깨알도 주울 수 있을 만큼 말끔해지는 좁은 마당. 그곳에도 툇마루로 걸어 들어갈 수 있는 공간만 남기고 괭이와 삽으로 일궈서 먹거리를 심었다. 질긴 가난만큼 단단히 다져진 황무지 같은 땅도 어머니의 정성어린 손길에 풋고추랑 가지랑 오이를 어김없이 내주었다.

앞집 화단에서 철마다 자라던 색색의 화초들은 그저 부러움의 대상이었다. 아빠의 막걸리 심부름을 다녀오다가 습관처럼 까치발로 담장을 넘어다보았다. 그림책에서나 보았던 이름도 알 수 없는 화려한 꽃들이 참 예뻤다. 흠흠거리며 꽃향기에 취해 있다가 컹컹 짖어대며 달려 나오는 검둥이에게 놀라 절퍼덕 주저앉기도 했다. 꽃이 가득한 그 집은 내 유년의 기억 창고에 백만장자가 사는 집으로 남아 있다.

옆집 꽃향기에 주눅이 들었던 친정집이 꽃으로 화사해졌다. 자식들 장성하여 떠나고 아버지가 돌아가신 후부터였을 것이다.

어느 봄날, 고향 집에 갔다가 깜짝 놀랐다. 집으로 들어가는 골목이 온통 분홍빛이었다. 우리 집 골목을 꽃잔디가 모두 차지한 것이다. 행여 밟힐까 조심하며 쭈그려 앉아 꽃을 살피던 엄마의 투박한 손이 햇살을 받아 더욱 도드라졌다. 그 옛날 상추 한 잎, 고추 한 개 더 따서 자식들 먹일 생각에 당신이 좋아하던 꽃 한번 마음껏 가꾸지 못한 세월을 회억하신 걸까. 꽃을 들여다보는 등이 그날따라 더욱 굽어 보였다. 꽃과 주름진 세월의 이질적인 조화가 마음을 흔들었다.

지은 지 반백 년이 넘은 낡은 집에서 홀로 외로움을 감당했을 엄마의 숱한 날들이 아프게 짐작됐다. 자식들 걱정할까 봐 조금도 내색은 하지 않았지만 얼마나 힘겨웠으면 골목길을 온통 꽃으로 채웠을까.

어머니가 키우던 그 꽃.

어머니는 흙먼지 뒤집어쓰고 땅바닥에 엎드려서 작고 여리지만 화사하게 꽃을 피우던 꽃잔디처럼 한 남자의 아내로 사 남매의 엄마로 꿋꿋이 사셨다. 병약한 몸이었지만 온 힘을 다해 생을 피웠다.

산책길 남향 언덕에 백목련 한 그루, 가지마다 앙다문 봉오리 끝이 내민 하얀 꽃잎 반갑다. 마스크를 벗고 한동안 올려다본다. 이제는 호미 들 기력도 잃어 요양병원에 계신 어머니, 언제까지나 내 가슴에 어머니는 고향 집 마당을 가득 채운 꽃잔디로 피어 있을 것이다.

왼손 엄지손가락

　손가락 마디가 접히지도 펴지지도 않는다. 오른손의 도움을 받아 겨우 접었다 펴면 뚝뚝 소리가 난다. 한철 뜨개질 재미에 빠져 손가락 마디가 상하는 줄도 모르고 지냈다.
　오른손잡이인 나는 반지를 낄 때 말고는 별로 왼손을 들여다볼 일 없이 지낸다. 기능적인 면에 있어서도 그저 오른손의 보조적 역할이 전부인 줄 알았다. 컴퓨터 자판을 이용해 글을 쓸 때도 양손을 사용하니 열 손가락 모두 한몫씩 하는 것 같지만 사실 왼손 엄지만은 할일이 없다. 오른손 엄지는 사이 띄기를 하면서 가끔 사용하지만, 왼손 엄지는 자판을 사용할 땐 그야말로 무용지물이다.
　그러나 막상 아프고 보니 그 쓰임이 참 많았음을 알겠다. 우선 설거지부터 애로가 있다. 그릇을 왼손으로 잡고 오른손으로 수세미

질을 하는데 아픈 엄지로는 단단히 붙잡을 수가 없다. 엄지 외 네 개의 손가락만으로는 설거지 자체가 어렵다. 개수대 모서리의 힘까지 이용해 겨우 설거지를 마쳤다.

옷을 입을 때도 왼손 엄지의 큰 쓰임을 알겠다. 단추를 끼우려는데 엄지가 역할을 못 하니 이것도 어렵다. 턱을 이용해 보기도 하고, 옷장 문도 이용해 보지만 한 개의 단추도 제대로 끼울 수가 없다. 결국, 단추 없는 옷으로 바꿔 입어야 했다.

문득, 있는 듯 없는 듯 자신의 목소리를 내지 않고 지내는 오빠가 우리 집의 왼손 엄지손가락일지 모른다는 생각이 든다.

오빠는 어려운 가정형편 때문에 일찍이 집을 떠나 살았다. 객지에서 돈을 벌어 말없이 부모님을 도왔지만 한 번도 자신의 공을 내세우지 않았다. 학창 시절 공부 좀 잘한다고 가족들의 자랑거리가 되었던 내 이름은 외가에도 이웃 마을에도 어른이나 아이들까지도 모르는 이가 없었지만, 누구도 오빠의 이름은 기억해주지 않았다.

그렇게 객지에서 혼자 지내다가 명절 때 고향에 내려와 조용히 하룻밤 자고 가면 그만이었다.

묵묵히 살아가던 오빠가 이단 종교에 빠져 한동안 연락이 끊기고서야 마디가 접히지 않는 왼손 엄지에 집중하듯 그제야 식구들은 오빠의 부재에 걱정을 모으기 시작했다. 수소문 끝에 찾아냈을 때는 숨만 끊어지지 않았지 산 사람이라고 할 수 없을 정도로 피폐해져 있었다. 놀란 가족들은 오빠의 치료에 힘썼고 엄마의 정성으로 본래의 모습으로 돌아왔다. 그때부터 오빠는 고향집에서 어머니와 함께 지냈다.

　오른손으로 거들지 않아도 왼손의 움직임이 자유롭게 된 어느 날, 어머니는 쓰러져 당신 혼자만의 힘으로는 생활할 수 없게 되었다. 혼자 사는 오빠가 모실 형편도 안 되고 결국 요양병원에 모셔야만 했다. 그때 비로소 왼손 엄지 같은 오빠의 존재가 빛을 발했다.

　나와 동생은 멀리 산다는 이유로 한 달에 한 번 어머니를 보러 가는 것도 쉽지 않은데 오빠는 매주 엄마를 찾아가 뵙고 필요한 일, 급한 일들을 해결해 드린다. 집안을 일으켜 세울 것처럼 요란했던 나는 목소리 높일 수 없는 왼손 엄지가 되었고, 언제나 묵묵히 할 일을 해온 오빠는 손으로 할 수 있는 모든 일의 해결사인 오른손잡이의 오른손 엄지손가락이 되었다.

　불편한 왼손 엄지손가락으로 며칠을 조심하며 지내면 나아지겠지 했으나 갈수록 심해져서 병원을 찾았다. 정형외과에 수부외과가 따로 있다는 것도 처음 알았다. 원인은 항호르몬제 장기 복용의 영향일 수도 있고 최근 무리하게 사용한 탓일 수도 있다며 병명은 방아쇠 증후군이라고 했다.

　많은 약을 먹고 있기에 약물 처방보다는 주사 치료를 해야 한다고 했다. 손가락에 주사를 맞아본 일이 없어 불안한 마음으로 앉아 기다렸다. 엉덩이 주사를 맞는 건가 기다리는 사이 간호사가 이것저것 준비해 놓으니 의사 선생님이 들어왔다. 영상을 보면서 신중하게 왼손 엄지와 검지 사이 움푹한 곳에 주사를 놓는데 눈물이 쏙 빠지게 아팠다. 한 달 뒤 예약을 잡아 주었으나 다시 갈 수 있을지 걱정이다.

차츰 제 역할을 감당하기 시작한 손가락을 만져 본다. 푸르스름 멍이 든 것도 같고, 조금은 가늘어진 것도 같다.

오늘은 그동안 잊고 지냈던 우리 집의 오른손인 오빠에게 전화를 드려야겠다. 엄지 척을 해주어야겠다. 그 자리에 있어 줘서 고맙다고.

지팡이

　노부부가 걸어간다. 남편의 팔을 꼭 붙들고 오른쪽 다리를 절룩이며 걷는 부인의 뒤를 간들바람이 따라간다. 조곤조곤 대화를 나누며 걷는 모습이 애잔하면서 다정하다. 물기 마른 노거수가 줄지어 선 아파트 단지 모퉁이에 내려앉은 봄도 걷는다. 부축해주는 할아버지의 걸음이 부축받는 할머니보다 더 느리게 걷는 모습을 보자니 방안에 줄을 묶어 놓고 걸음 연습하던 아버지 생각이 난다.
　아버지는 오십 중반에 고혈압으로 쓰러졌다. 젊은 날 남의집살이로 가계를 꾸리다 겨우 소작농으로 가장의 책임을 다할 무렵이었다. 큰 바위가 초가를 덮쳐 아무것도 할 수 없는 암울한 날의 시작이었다. 신혼 시절부터 병약한 어머니의 지팡이였던 아버지는 어머니의 도움 없이는 한 발도 움직일 수 없는 신세가 되었다. 부러진 지팡이가 된 아버지. 어머니의 극진한 보살핌과 병원 치료를 받고 차츰 다리 근육에 힘이 생겼다. 부축을 받으면 걸을 수 있을 만큼 좋아졌다. 당신 자신을 돌아볼 여유도 없이 살아온 아버지에게 주어진 간절한 휴식이었지만 현실을 받아들이기에 아버지는 너무 젊었다. 처음에는 한사코 지팡이 들기를 거부했지만, 잠깐의 외출도 누군가의 도움 없이는 불가능했기에 지팡이는 점차 아버지의 일부가 되었다.

지팡이와 한몸이 될 무렵 지팡이를 버리고도 활동할 수 있을 만큼 회복하였다. 그러자 다시 농사일을 시작하였고, 몇 년 뒤 재차 쓰러져 다시는 일어서지 못했다. 그때부터 어머니는 당신 몸의 두 배 이상 되는 아버지의 지팡이가 되었다. 식사 수발부터 대소변 가리는 일까지 가느다란 지팡이 허리가 휘도록 최선을 다했다.

눈물도 밭아버린 눈으로 당신 손을 놓고 한쪽에 서 있는 지팡이를 바라보는 아버지의 절망을 이해하기에 나의 인생 경험은 너무 짧았다. 지팡이에 의지할 수도 없게 무너진 아버지는 때때로 쓸모를 잃은 지팡이를 쓰다듬으며 수건으로 닦곤 하였다. 그것마저 아버지의 외로움을 달래주지 못할 때는 지팡이를 들어 방바닥을 세차게 내리치기도 하였다. 장판이 찢어지고 지팡이도 끝이 잘려나가자 어머니는 지팡이를 마루 밑으로 치워버렸다. 몇 번 신지 않은 장화와 지팡이가 마루 밑에서 마냥 낡아갔다.

그해도 우리 집 좁은 골목에 봄이 들어서는 날이었을 것이다. 외로움이 극에 달한 아버지의 몸부림이었을까. 누운 자리에서 일어나 앉기도 버거웠던 아버지가 외출을 단행했다. 빈집을 혼자 지키다가 방에서 마루로, 마루에서 토방으로 굴러떨어진 것이다. 성큼성큼 걸어보고 싶은 마음이 극에 달해 마지막으로 힘을 써본 것이리라. 그렇게 허망하게 아버지가 이승을 떠나면서 함께하고 싶은 것이 있었다면 그 지팡이가 아니었을까 싶다.

반질반질 아버지의 손때가 묻은 지팡이는 아버지에 대한 그리움을 대신하는 물건이 되었다. 내 삶이 흔들리고, 반듯하게 걸을 수 없을 때 나를 붙잡아 다독이며 함께 걸어주었던 지팡이는 아버지였다. 그 흔한 나무 막대기처럼, 위엄을 부리지 않고 마음 편하게 등을 내준 아버지. 아버지는 어릴 적부터 고명딸이라며 무조건적 사랑만 주었다. 살갑게 표현하지 않았지만, 아버지의 눈빛을 보면 알 수 있었고 가끔씩 하는 무뚝뚝한 말씀에서도 나는 느낄 수 있었다. 아버지의 무조건적 사랑은 굴곡 많은 내 삶의 길을 이끌어준 지팡이였다.

할아버지는 할머니의 지팡이다. 오른손에 형식적으로 든 지팡이가 있으나 온전히 안전을 담보하고 마음마저 지지해줄 할아버지에 비할까. 인간은 나약한 존재라고 했다. 생명을 얻는 순간부터 잃어가는 순간까지도 누군가에게 의지할 수밖에 없기 때문이리라.

이제 나에게 청려장은 남편이다. 비가 와서 질척이는 길을 갈 때도, 빙판길을 갈 때도 지팡이는 내 걸음보다 한 발 앞서간다. 당신이 먼저 안전을 확인한 후 걸음을 안내하는 것이다. 남편을 의지해서 쉰 후반 고개를 안전하게 넘고 있다. 무슨 일이건 내가 하는 일에 전폭적으로 도와주고 힘을 실어주는 든든한 남편을 아버지는 나의 지팡이로 넘긴 것인지도 모르겠다.

　서로를 의지하며 노부부가 걸어간 길을 젊은 아빠와 어린아이가 걷는다. 키보다 훨씬 큰 지팡이를 올려다보며 노란 가방을 멘 여자아이가 걸어간다.

뒷바퀴

애마에 몸을 싣고 봄기운이 이끄는 곳으로 핸들을 조작한다. 한적한 도로를 달리면서 한껏 연록의 여유를 부린다. 급한 사람 먼저 갈 수 있도록 앞바퀴의 힘을 빼고 뒷바퀴를 단속한다. 추월하여 달려가는 뒷바퀴가 감사하다는 인사를 남기고 쌩 굴러간다. 앞질러 가는 차량의 뒷모습을 보며 달리는 일이 이제 나의 운전 습관이 되었다.

차도를 달리는 바퀴들은 앞서기 위해 몸부림을 친다. 빨리 달리는 것이 숙명인 것처럼 속력을 내며 달리는 차들, 온 힘을 다해도 앞지르지 못하는 뒷바퀴는 숨이 차다. 고통스럽게 뒤따르는 뒷바퀴를 바라보면서 흐름을 따라야 한다는 강박에 제동을 건다. 무심하게 한참을 달리다 보면 뒤에서 따라오는 차들이 한 대도 없다. 심심한 룸미러는 뒤처지지 않으려는 푸른 하늘과 양떼구름 풍경만 붙잡고 있다.

뒷바퀴가 되지 않기 위해 최선을 다했던 시절이 있다. 앞서 달려야만 하는 차들처럼 누구보다 앞에서 달려야 한다는 강박에 사로잡혔다. 어렵사리 학업을 잇던 중고등학생 시절. 가정 형편이 좋지 않아 초등학교 졸업 후 한 해를 쉬었다가 후배들과 동급생이 되었기에 온갖 노력을 다했다.

덜컥거리는 자갈길을 달릴 때는 속도를 늦춰 주변을 살폈고, 가끔 웅덩이를 만나면 앞뒤 바퀴를 타이르며 조심스레 건넜다. 새로운 바퀴를 장착한 학우가 경적을 울리며 추월할 때면 밤을 지새우며 속도를 연습했다. 그때는 노력한 만큼 돌아오는 것들이 있어서 삶이 복잡하지 않았다. 배경 좋은 부모가 있어도 성적을 올리는 일은 오직 학생 자신의 몫이었기에 가난한 농부의 딸인 나도 앞바퀴가 될 수 있었다.

뒷바퀴는 죽을힘을 다해 달려도 앞서가지 못한다. 앞바퀴가 지나간 길을 따라갈 뿐이다. 그러나 뒷바퀴로 살아가는 삶이 더 평온하다는 것을 알게 된 것은 학창 시절을 마감하고 사회인이 되면서였던 것 같다.

시골 학교여서 치맛바람이 크게 불지 않은 탓이었을까. 학창 시절엔 노력한 만큼 앞바퀴의 맛을 보며 살 수 있었다. 그러나 학교 밖 생활은 달랐다. 밤잠 줄이고 피땀 흘려 열심히 굴린다고 굴러가는 게 아니었다. 나 혼자의 노력만으로 무언가를 이룰 수 있는 단순한 세계가 아니어서 나는 수시로 앞바퀴였다가 뒷바퀴였다가 혼돈의 시간을 보내야 했다. 앞서 달리는가 싶으면 어느새 뒤로 밀려나 있었다.

어느 시점에서 중간고사나 기말고사로 평가받을 수도 없는 혼란스럽고 복합적인 삶이라는 것을 알면서 나는 차라리 뒷바퀴가 되고 싶었다. 얌체 같지만, 앞바퀴가 지나간 길을 안전하게 따라가는 뒷바퀴는 감당해야 할 위험이 적었다. 모난 돌이 정을 맞는 것처럼 대책 없이 앞서 나가는 경우 견뎌야 할 시행착오가 훨씬 많았다.

앞바퀴라고 생각했던 시간을 건너 사회인이 되면서 나는 어느새 완벽한 뒷바퀴가 되어버렸다. 실업계 고등학교를 졸업하면서 취업의 문에서 좌절하고, 너무 이른 나이에 결혼하면서 바닥으로 떨어진 자존감이 나를 뒷줄에 세웠다. 친구들은 직장에서 인정받으며 탄탄한 자신의 도로를 달리고 있을 때 아이 키우느라, 어려운 시댁 뜻 받드느라, 뜻이 맞지 않는 남편과 가정 꾸리느라 뒷바퀴는 고사하고, 폐타이어가 되어가고 있었다.

아이들과 허허벌판에 동댕이쳐진 채로 살 때는 앞뒤 가릴 새도 없이 달렸다. 앞에서 막아서면 흐르는 물처럼 돌아서 가고 뒤에서 밀치면 힘을 빼고 사방으로 흩어지는 바람처럼 수그렸다. 그렇게 조바심으로 살아도 한 번 비틀어진 바퀴는 바람이 다 빠져서 구르기도 힘든 지경까지 이르렀다. 의지했던 친구의 싸늘한 등뒤에서 가끔은 뒷모습도 살펴야 했던 것을 관계가 엉망으로 꼬인 뒤 알았다. 길동무에게까지 전투적으로 달려들어 상처투성이로 산 어리석은 시간을 보내고서야 나는 온전한 바퀴가 되었다. 앞에서도 뒤에서도 잘 달릴 수 있는 바퀴가 된 후 새로운 길이 열렸다.

크고 작은 차들이 앞다투어 달리는 큰길에서 벗어나 작으나 아늑한 길에 들어서면서 앞과 뒤라는 위치는 큰 의미가 없다는 것을 알았다. 앞바퀴와 뒷바퀴가 서로 적절하게 간격을 유지하며 서로의 역할을 다해야 자동차는 무리 없이 잘 굴러간다. 우리의 삶도 앞서 가는 사람이 있으면 뒤를 따르는 사람이 있어야 조화를 이루며 살아갈 수 있다. 그것을 알기까지 참 오랜 시간이 걸렸다.

인생의 파고를 넘는 동안 뒷바퀴라 자인하면서 산 것 같지만, 앞바퀴이기를 얼마나 갈망한 삶이었는지 곳곳에 남아 있는 상처를 보면서 깨닫는다.

나는 봄기운 완연한 지점에 안착했다. 이제부터는 아픔을 겪은 두 바퀴가 앞뒤 따지지 않고 서로 아끼고 존중하며 아름다운 사계절을 달리면 되는 것이다.

향긋한 봄바람이 뒤쪽에서 불어오고 있다.

마늘 까는 여자

 가을볕 아래 여인이 앉아 있다. 볕이 깔아 놓은 좌판에 팍팍한 인생을 펼쳐놓은 채다. 참새가 저 혼자 흥에 겨워 날개를 접었다 폈다 볕을 밀쳐도 여인은 아랑곳하지 않는다. 오래된 동무인 양 간간이 좁쌀을 던져준다. 아파트 입구에 시들시들한 고구마순, 자라지도 못하고 오그라진 채로 늙어버린 노각, 주인 닮아 중간쯤 늙은 호박 등 좌판이 푸지다.
 노랑 학원 차를 기다리던 새댁이 좌판의 참새 흉내를 낸다. 고구마순을 집었다가 호박을 들었다가 손길이 분주하다. 그러더니 절퍼덕 앉아서 함께 고구마순을 깐다. 제법 정겹다. 약속이 있어 마을버스를 타기 위해 아파트 후문으로 나가다가 만난 그림이다. 그들의 모습에서 눈을 뗄 수가 없다.

한 마지기 정도 되는 밭은 집에서 꽤 멀었다. 어머니는 그 밭에서 콩, 고구마, 옥수수, 고추, 깨, 무, 배추 등등 온갖 것들을 가꿨다. 어릴 적 기억으로 보리 베기는 모내기 철과 맞물려 언제나 우리 몫이었다. 오빠와 동생들과 보리를 베고 다발로 묶거나 그 자리에 나란히 펴서 말렸다. 바쁜 들일을 끝내고 보리타작을 하게 되면 나는 '뒷서들이'를 했다.

늘 엄마를 따라 다니며 돕는 일이 기뻤다. 비 오는 날은 고구마를 심는 날이었다. 발에 황토가 달라붙어 늪에 빠진 것처럼 발을 옮기기가 무척 힘들었다. 온몸은 젖어서 으슬으슬 춥기도 했지만, 엄마를 돕는다는 사실이 좋았다. 고구마를 심고 줄기에서 자란 고구마순을 따올 때도 늘 엄마와 함께였다. 고구마순을 딸 때는 튼실한 줄기에서 우듬지를 꺾지 말고 이파리만 살살 따라고 했다. 엄마가 하는 것을 보고 그대로 따라 하면 엄마는 흐뭇한 표정을 짓곤 했다. 딴 고구마순을 고무대야에 담아 머리에 이고 집으로 왔다. 멍석을 깐 마당에 앉아서 껍질을 벗기면 손끝에 까맣게 물이 들었다. 봉숭아 꽃물을 들인 손톱만은 못 했지만, 엄마를 도왔다는 생각에 까만 손톱마저 고와 보였다. 고구마순 김치는 약간 질겼지만, 배추김치와는 다른 특별한 맛이 있었다. 특히 익었을 때 그 시큰한 물맛이 좋았다.

좌판에 앉은 주인의 손톱 끝과 손가락 끝이 까맣다. 가끔 손끝을 입으로 가져가 후후 부는 모습에 갸웃거리다 보니 오전의 시간이

하얗게 껍질을 벗고 누웠다. 통통하게 잘 여문 마늘이 뽀얗다.

　어머니는 요양병원에 들어가기 전까지도 마늘 양념을 대주었다. 깨끗이 까 찧어서 지퍼 팩에 얇게 펴 담아 얼려서 주곤 했다. 그 마늘을 까기 위해 몇 날 며칠 아린 손끝을 감당하였을까. 가지나물을 무치려고 냉장고에서 지퍼 팩을 꺼내 보니 찧은 마늘이 바닥을 보였다. 마트에 가서 사다가 넣을까 생각도 했으나 귀찮아서 바닥에 남은 마늘만 넣고 무쳤다. 언제나 냉장고 문만 열면 넉넉한 마늘 양념이 있어 나물을 무칠 때나 찌개 끓일 때 아까운 줄 모르고 넉넉히 넣었는데. 이제 냉장고에는 얼린 마늘이 없다. 새삼 엄마의 손길이 그립다.

　한참 뒤. 노랑 차에서 꼬마가 "엄마~"하고 뛰어온다. 고구마순을 벗기던 두 여인의 입이 꽃처럼 벙긋거린다. 새댁은 한참 동안 아이를 안고 있다. 좌판의 할머니는 호주머니에서 사탕을 꺼내 엄마의 품에서 풀려난 손자의 손에 쥐여준다. 아이는 또래들과 놀이터로 향하고, 모녀는 정답게 계속 고구마순을 벗기고 있다. 아파트 가까운 곳에 살면서 근처 밭에서 길러온 것이리라. 딸이 사는 아파트 입구에서 몇 가지 채소를 파는 노인의 얼굴 주름이 햇살을 받아 도드라진다.

　들에서 일하고 흙 묻은 옷을 입은 채 돌아오는 아버지를 학교 근처에서 만나 외면했던 나와는 다른 새댁의 모습이 더욱 고와 보인다. 너만은 나처럼 고생하지 말라고 애써 대학 교육까지 시켰으리

라. 넥타이 매고 출근하는 남자에게 출가시키고도 일손을 놓지 못하는 좌판의 여인. 그분이 바로 우리 부모님인 것을….

짱짱하던 볕이 까무룩 시들었다. 좌판을 걷기에는 이른 시각인데 발길을 붙잡은 좌판을 접어 모녀가 걸어간다. 뒤를 따르는 눅진한 햇살을 본다. 따듯하다. 약속을 접고 집으로 돌아오는 마음이 촉촉하다.

십 분

　내 보폭으로 십 분은 천사백 보를 걸을 수 있는 시간이며, 낯선 한 사람과 소중한 인연의 고리를 맺을 수 있는 시간이다.
　매일 아침 이불 속에서 십 분을 외치는 아들과 알람 소리를 줄이고 십 분만 더 잤으면 좋겠다는 남편의 찡그린 얼굴이 원하는 십 분은 절실하기까지 하다. 아침을 차리는 데 걸리는 시간도 십 분이면 족하다.
　평소 약속 시각 십 분 전에는 도착해야 한다는 강박감이 병적일 만큼 큰 내게 약속 십 분 전은 백 미터를 질주한 사람처럼 심장 박동을 빠르게 한다. 적어도 십 분 전에 도착해야 직성이 풀리는 성격이라 오늘도 동동거리며 버스 승차장에 섰다. 약속 장소에 가는 버스가 십 분 후에 도착한다는 전광판을 보고 마음이 초를 다툰다.

조금이라도 빨리 갈 방법은 없을까. 전광판에 뜬 '곧 도착'이라는 문구를 확인하고 초조하게 시간을 계산한다. 이럴 때 환승이라는 제도는 등이 넓은 친구 같다. 12번을 타려다가 17번을 탄다. 12번은 조금 돌아가는 노선. 17번은 직선으로 가지만 중간에 27번으로 갈아타야 한다.

평일 점심 무렵이라 막히지 않고 잘 달리는 버스 안에서도 조급한 마음이 먼저 달렸지만, 환승 지점에서 간발의 차로 27번을 놓쳤다. 가만히 서서 다음 차를 기다리자니 속이 탔다. 내게 길든 시간에 대한 강박감이 이렇게도 단단했던가. 평소 이용하지 않던 택시라도 타면 되겠지 하는 마음으로 두리번거리다가 세 정거장 정도면 걸어도 되겠다 싶어 걷기 시작했다.

급한 마음이 보폭을 앞서가니 걸음이 자꾸만 엉키었다. 발에 헛힘이 들어가 자꾸 허방을 딛고 종아리에 쥐가 났다. 다음 차 십 분을 기다리지 못해서 감행한 약은 생각으로 삼십 분이나 늦게 도착하고 말았다. 나만 빼고 모두 모여서 즐겁게 대화를 나누고 있었지만, 누구도 늦은 것에 대해 타박하지 않았다. 오느라 고생했다며, 얼굴이 벌겋게 상기되어 땀 흘리는 나의 건강을 염려해주었다. 무의식적으로 단단히 조였던 나사를 조금은 풀어도 좋겠다는 생각이 들었다.

유난히 시간을 지키지 못하는 친구가 있었다. 자기는 아무리 지키려고 노력을 해도 안 된다는 것이다. 처음에는 너무 이른 시간에 약속을 잡았나 싶어 좀 늦게 정해도 마찬가지였다. 살아오면서 약속을 어겨본 적은 없지만, 시간을 딱 맞춰본 적도 없다는 친구. 인생은 어떤 이론보다 경험을 해보아야 안다고 했던가. 그런 친구가 도저히 이해되지 않았는데, 오늘 예기치 않게 시간을 어기게 되면서 그럴 수도 있겠다는 생각을 하게 되었다.

약속 시각에 관한 나의 강박은 언제부터였을까. 없는 힘까지 내서 최선을 다해야 겨우 무언가를 손에 쥘 수 있었던 지난한 내 삶에서 체득된 것일까. 나는 병적으로 약속을 지키려 애쓰며 산다. 시간을 어기지 않기 위해 알람을 해놓지만, 알람이 울리기 전에 나는 이미 외출 준비를 하고 있다.

모전여전은 이런 면에서도 통하는 건가. 딸은 나보다 약속에 관한 강박감이 더 심하다. 출근할 때 적어도 30분 전까지 가야 마음이 편하단다. 병원에서 3교대로 일할 때, 나는 당최 딸의 출퇴근 시간을 정확히 알 수가 없었다. 30분 정도를 빨리 가니 남들이 딸의 근무 시간을 물을 때 정확히 말할 수 없어서 딸에게 무관심한 엄마로 오해도 받았으리라.

몇 년 전 건널목에서 보행자 신호등이 켜져서 길을 건너가다 우회전 차량에 사고를 당한 친척 언니에게 십 분은 사선을 넘게 한 경계였다. 십 분만 천천히 걸어서 다음 신호등에 건넜더라면, 십 분만 집에서 늦게 나갔더라면…. 십 분 차이로 영영 이별을 맞은 오빠의 가슴 아픈 슬픔은 십 분이라는 시간을 천만 번 더 흘려보내어도 지워지지 않을 것이다.

'수술 중'이라는 사형선고 같은 빨간불 앞에서 기다리는 보호자의 십 분은 생사를 넘나드는 문턱일 수 있다. 정해진 시간보다 수술 시간이 길어질 때 느끼는 불안감이란….

건강 때문에 늘 빨간불을 켜 놓은 채 살아야 하는 내게 십 분은 급하게 떨어진 체력을 충전하는 시간이 되기도 한다. 무언가에 열중하다가 힘이 든다 싶으면 십 분 누워서 휴식을 취하면 회복이 된다. 여행 계획을 세우고 들뜬 마음으로 준비를 하다가도 "나 십 분만!"을 외치면 온 가족이 바로 기꺼이 십 분의 휴식을 준다.

이렇게 나에게 십 분은 강박이면서도 떨어진 체력을 회복하게 여유를 주는 시간이다. 서로를 보듬어 줄 수 있고, 아픈 마음을 다독여줄 수 있는 따뜻하고 정다운 시간이다.

이제 오십 중반이 되어 보니 십 분은 적당히 길들어 편안한 부부 사이 같다. 상대를 비교적 걱정 없이 기다려줄 수 있는 여유롭고 차분한 공간 같다. 십 분 정도는 늦어도 이해하고 눈감아주는 애교의 시간이다.

봄바람이 여린 꽃잎을 흔들고 있다. 십 분이 넘는 시간 동안 지켜본다. 꽃은 바람의 마음을 따라 하냥 웃고 있다. 이제 십 분에 목을 매는 삶이 아니라 십 분의 여유를 깊이 들여다보는 삶을 살고 싶다.

그녀의 캘리그라피

주민센터 2층에 갈 때마다 보이는 문구. '참 좋은 당신을 만나 행복합니다.' 아담한 액자에 담겨 정수기 위쪽 벽에 걸려 있다. 캘리그래피를 가르쳤던 선생님의 유작이다. 부드러우면서 힘이 있는 글씨. 강약 조절이 잘되어 있고 전체적으로 구도가 안정감 있으면서 가독성도 좋다.

그녀와 만난 건 4년여 전. 전주에서 살다가 광명으로 주거지를 옮긴 지 얼마 되지 않은 시점, 집 앞에 있는 주민센터 교육 프로그램 중 내가 선택한 과정은 캘리그래피였다. 필체도 나이를 먹는 것인가. 학창 시절 꽤 글씨체가 예쁘고 반듯하게 잘 쓴다는 칭찬을 받았었지만, 손가락 마디가 굵고 투박해진 손으로 쓴 요즘 글씨는 보통 이하다. 바쁜 직장 생활에 맞게 속필로 변질한 탓이기도 하고,

컴퓨터가 보급되면서 글씨 쓸 일이 줄어드니 엉망이 된 듯도 하다. 글씨체마저 이제는 한물간 고리타분한 모양새다.

　주부들 이십여 명이 매주 월요일에 모여 선생님이 써오신 예쁜 글씨를 보고 따라 쓴다. 모사요 베껴 쓰기다. 견본은 하나이나 결과물은 각양각색. 붓과 먹물을 사용하기도 하고 다양한 필기구를 활용해 크고 작은 글씨를 연습한다. 글씨뿐 아니라 고무 지우개에 낙관을 파기도 하고, 달력을 만들기도 하고, 예쁜 글씨를 쓴 종이 하단에 깜찍한 그림을 그려 소품을 만들기도 한다. 어쭙잖은 캘리그래피 글씨를 쓰고 그림 흉내를 내어 만든 부채를 지인들에게 줄 때 기쁨은 두 배였다.

　캘리그래피를 배우는 동안 나는 시집과 동시집을 출간했다. 지인들에게 사인한 책을 캘리그래피로 만든 책갈피와 함께 드렸다. 그때도 그녀의 손길이 작용했다. 예쁘게 글씨를 써서 본보기를 만들어주었고, 코팅할 수 있게 코팅 기계도 빌려주었다. 책을 받은 사람들로부터 찬사를 받을 때마다 참으로 행복했다.

　한마을에 사는 그녀와 가끔 간식을 싸서 들고 가학산 정상에 오르기도 했다. 정자에 앉아서 멀리 시선을 두고 서로에 대해 조금씩 알아갈 때만 해도 그렇게 빨리 이별의 시간이 올 줄 몰랐다. 아담한 키에 군살이 없는 몸안에 나쁜 병마가 싹트고 있음을 상상도 못 했다.

　그녀는 매사에 참으로 성실했다. 수업 시간에 최선을 다했고,

2시간 수업을 위해 일주일 동안 연구하고 준비한다고 했다. 매해 끝 무렵이면 주민센터 교육 프로그램 성과물 보고대회나 주민체육대회 시 야외에서 회원들의 작품을 전시할 때도 정성을 다했다. 전시회에 참여할 만큼 글씨가 예쁘지 않다고 포기하려는 수강생을 끝까지 설득하고 격려하여 함께할 수 있게 했다.

수업 준비물이 많아서 배낭을 메고 캐리어를 끌고 걸어 다니면서도 미소가 떠나지 않던 그녀. 그녀와 함께하는 캘리그래피 수업 시간은 내게 힐링의 시간이었다. 나보다 어린 수강생들 사이에서 꺼져가던 승리욕에 불씨를 댕기고, 가장 열정적으로 살았던 학창 시절로 돌아가곤 했다. 자기 일에 자긍심을 갖고 최선을 다하는 선생님의 모습은 무척 아름다워 보였고, 그런 그녀와 함께할 수 있어 더없이 행복했다.

어느 해 가을, 내가 속한 문단에서 육필 시화전에 참여하라는 연락이 왔다. 캘리그래피를 배웠으니 멋지게 한 작품 만들어 보내고 싶은 욕심에 열심히 연습했으나 구도나 글씨체가 전시회에 내놓기엔 민망한 수준이었다. 염치 불고하고 도움을 요청하니 긴 시를 직접 써서 견본을 만들어주었다. 덕분에 무사히 전시회에 참여할 수 있었다. 그녀는 떠나고 없지만, 아직도 내 서재에는 그녀와 공동 작업한 육필 시화가 있다.

캘리그래피 하반기 수업이 끝나고 다음 해 상반기 수업을 기다리던 때, 코로나 19가 퍼지기 시작할 무렵이었다. 캘리 선생님이 매우 아프다는 연락을 받았다. 농담하지 말라고 다그칠 만큼 거짓말 같았다. 불과 한 달 전 통화했는데 위독하다니…. 고등학생 딸과 늦둥이 아들이 초등학생인데, 왈칵 눈물이 쏟아졌다. 암 진단을 받고 머릿속이 까맣게 헝클어지던 날 같았다. 코로나 때문에 문병도 제대로 못 하고 좋아질 날만을 기다리고 있었으나 좋아질 가망이 없다는 연락이 왔다. 마지막일 수 있으니 보고 싶으면 와도 된다고. 수강생들 몇이 용기를 내어 달려갔다.

마음이 급했다. 나는 그녀와 풀어야 할 사소한 오해가 있었다. 마을 기자로서 주민자치회에서 준비하는 시화전을 취재할 때 그녀의 격앙된 전화를 받았다. 캘리그래피 수업 내용이 보도되는 것을 원하지 않는다는 것이었다. 수업 내용을 기사화할 필요도 없고, 기사로 들어갈 이유도 없었는데 왜 그런 전화를 했을까. 꽤 기분이 언짢았다. 시화를 만드는 과정만 사진으로 담고 싶었을 뿐이고 오히려 캘리그래피 수업 홍보가 되어 그녀에게 좋은 일이 될 것으로 생각했는데…. 불편한 마음을 풀지 못한 상태였다.

그녀는 침대에 누워서 산소마스크를 쓰고 눈도 뜨지 못한 채 사경을 헤매고 있었다. "선생님, 그동안 감사했어요. 제가 선생님 마음을 조금이라도 불편하게 했다면 용서하세요. 선생님을 만나서 행복했어요." 귀에 대고 울먹이며 속삭였다. 그날 오후 그녀는 다시 볼 수 없는 곳으로 떠났다고 했다. 불편한 마음을 풀 수 있게 기다려준 그녀에게 감사하며 영면을 기원했다.

'참 좋은 당신을 만나 행복합니다.' 그녀가 남기고 간 글귀를 매일 묵상한다. 뒤늦게 만나 원 없이 아끼고 사랑해주는 남편을 대할 때마다 마음으로 되뇌곤 하는 문장이다. 이 말이 남편의 입에서도 방언처럼 쏟아져 나올 수 있도록 나는 남편에게 참 좋은 사람이 되기 위해 노력하며 산다.

이제 '참 좋은 당신을 만나 행복했습니다.' 과거체가 되어버렸지만, 내 마음속에서 캘리 선생님은 오랫동안 지워지지 않는 아름다운 캘리체로 새겨져 있다.

억

억이라는 단어에 꽂혔다. 사람의 마음에 만족할 만큼 물건이 많다는 뜻이다. 그러나 내 마음을 붙든 억은 전광석화처럼 빠르게 가슴을 데우는 무엇이었다. 가끔은 양보다 깊이가 더 큰 울림으로 다가오는 때가 있다.

얼마 전 출간한 첫 동시집을 지인들에게 보냈다. 한 지인이 책값 구천 원을 보내왔다. 마음으로 보낸 책의 값을 받기는 처음이다. 계좌를 몰라도 전화번호만 알면 송금할 수 있는 카카오뱅크를 통해서였다.

'이건 반칙이에요.'

그는 삼십여 년 전 밤을 지새우며 주간 지역신문을 만들 때 함께했던 분이다. 열악한 조건에서도 결호 없이 지역 소식을 시골 마을 구석구석까지 알리는 신문사 사장이며 기자였다. 신문이 나오기 전날엔 으레 밤을 지새웠던 인연이 그깟 책 한 권 그냥 받지 못하겠다는 건가. 순간 야속함이 스프링처럼 튀어 올랐다. 그러나 한 호흡 쉬고 나니 그의 깊은 속내를 어렴풋이나마 알 것 같았다. 따듯했다. 투병 중에도 절망하지 않고 열심히 글을 쓰며 사는 나를 격려하고 싶었으리라.

나중에 그분의 페이스북에서 큰마음을 읽었다. '그동안 몇 권의 책을 생각 없이 그냥 받아왔는데 이번엔 작고하신 아버님의 말씀이 떠올라 송금했더니 시인이 속상했던지 반칙이라고 했다.' 하지만 본인은 9억이라도 주고 싶은 마음이라는 내용이었다. 그 마음이 오롯이 느껴졌다.

2년 반 전, 두 번째 암에 발목 잡혀 동댕이쳐진 것은 위암의 공포에서 벗어나고 2년 만이었다. 죽을힘을 다해 스스로 심폐소생술을 하듯 가까스로 견디던 어느 날 동탄에 사는 친구가 왔다. 중학교 시절 친하게 지냈으나 진학한 고등학교가 달라지며 한동안 연락 두절이었다가 겨우 소식을 이어가던 친구다. 친구는 암 환자에게 필요한 영양식들로 냉장고를 가득 채워주었다. 쓰다듬듯 위로의 말 끝에 봉투 하나를 손에 쥐여주었다. 먼 곳에서 많은 반찬을 해온 것만도 정말 미안하고 고마운데 봉투까지 주어서 사양했으나 기어코 주머니에 찔러주고 손을 흔들었다.

가슴이 먹먹했다. 병마의 고통보다 더 뜨거운 무엇이 가슴 밑바

_억

닥에서부터 차올랐다. 그래, 힘을 내자. 내가 무어라고 이렇게 큰 사랑을 주는가. 눈물을 닦았다. 외투를 벗어 주머니의 봉투를 확인하고 깜짝 놀랐다. 오만 원권 스무 장이었다.

억! 이건 실수를 깨닫고 내지르는 소리다. 전화를 걸었다. 혹 봉투 바뀐 것 아니냐고. 다른 곳에 쓸 거래 대금이거나 딸 한 달 생활비 아니면 친족 누군가의 병원비일 것이 분명했다. 어쩌면 이건 가족 간에도 쉽게 나눌 수 있는 액수가 아니었다.

"아니야. 내가 이렇게라도 너에게 힘을 줄 수 있어서 감사해. 용기 잃지 말고 항암 잘 감당해서 반드시 회복해야 해."

말문이 막혔다. 봉투를 들고 서 있는 순간이 억겁처럼 길게 느껴지고 수많은 생각이 일었다. 이 주 후면 시작될 항암에 대한 공포에 허우적거리는 내 마음을 힘껏 보듬어주는 친구의 그 마음을 어떤 수치로 표현할 수 있을까.

내게 억은 상상할 수 없는 수치다. 지금껏 살아오면서 구경은커녕 생각도 못 해봤다. 보증금 2천 임대아파트에 살다가 지금의 남편을 만나 억 단위의 아파트에 살지만 이미 살던 집이니 난 '억'은 보지도 못했다. 그저 많은 단위일 뿐이었다. 친구의 마음이 담긴 봉투는 억 이상의 무게로 내 가슴에 오랫동안 안겨 있었다.

9억이라도 주고 싶다는 그가 사용한 억은 무한대로 격려하고 응원하는 셈할 수 없는 마음인 것이다. 가정주부가 친구를 위해 흔쾌히 찔러준 마음을 어찌 환산할 수 있겠는가. 억만금을 받은 마음이 넘치게 뿌듯하다. 외손녀에게 선물하겠다고 바로 이어서 또 한 권의 책값이 입금되고 주소도 왔다.

　나도 누군가에게 억 소리가 나는 위안이 될 수 있을까. 힘을 내서 포기하지 않고 꾸준히 관리하여 5년 전의 건강을 회복하게 된다면 나를 아끼는 많은 지인에게 억이 될까. 나는 오늘도 억을 만들기 위해 운동화 끈을 동인다.

사진사 종수

한국 이름 종수라는 그는 쌍까풀의 커다란 눈을 가졌고 행동이 재발랐다. 손님이 원하면 언제든 빠르게 움직여 문제를 해결하곤 했다. 일행 누구라도 뒤처지거나 힘들어하면 금방 달려가서 손을 잡아주는 것도 잊지 않았다. 가는 곳마다 미리 가서 챙기면서도 귀찮아하는 기색을 보이지 않았다.

20대 후반으로도 보이지 않는 종수는 부모님과 아내와 아들이 있다고 했다. 열심히 일해서 돈을 벌어 가족을 책임져야 하는 그는 거리에서 만나는 필리핀 젊은이들과는 분명 달랐다. 눈동자는 빛이 났고, 몸놀림은 바지런했다. 우리나라 종수 또래 젊은이들은 아직 학생이거나 아니면 부모에게 의지하며 사는 경우가 많은데 이국의 다른 문화 때문인가 싶기도 했다.

정식 가이드를 따라 다니면서 잡일을 하고, 그의 말에 따라 움직였다. 우리말을 잘 알아듣고 조금씩 할 줄도 알았다. 목적지에 차가 멈추면 재빨리 내려 그곳에서의 일정에 차질이 없도록 도왔다. 그러면서도 일행을 보면 친절한 웃음을 보였다.

그는 가는 관광지마다 일행들의 모습을 사진에 담았다. 각자 가지고 간 사진기나 휴대전화로 사진을 찍고 있음에도 아랑곳없이 곡예를 하듯 종횡무진 사진을 찍었다. 친구들과 어울려 마음에 다 담아올 수 없는 비경을 배경으로 자세를 취하면 어느새 나타나서 사진기를 눌러댔다.

우리가 마지막 관광지에 가기 위해 버스를 타고 달리는 중간 어느 지점에서 우리의 손과 발이 되었던 그가 내렸다. 끝까지 동행할 줄 알았던 그가 인사도 없이 내리는 이유를 알 수 없었지만 묻지는 않았다. 갑자기 아이가 아팠다는 연락을 받았을 수도 있고, 집안에 급한 일이 생겼을 수도 있으리라 짐작만 했다.

이제 모든 여행을 마무리하고 공항으로 가는 길 어느 곳에서 종수는 다시 차에 함께 탔다. 그는 그사이 사진을 현상해서 온 것이다. 그 많은 사람의 사진을 개인별로 정리하여 묶어서 내밀었다. 비슷한 장면의 사진도 꽤 있고, 우리끼리 핸드폰으로 서로 찍어 주었던 사진도 있었다.

커다란 눈으로 서 있는 그의 어깨에 매달린 가족들의 모습 위로 어릴 적 내 모습이 겹쳤다.

그날도 나는 마을에서 한참 걸어 나간 길에서 엄마를 기다리고 있었다. 장에 간 엄마가 빨리 돌아오기를 기다리며 뙤약볕에서 엄마라는 글자를 수없이 썼다 지웠다. 지금 생각하면 엄마를 기다렸다기보다 엄마의 손에 들려올 빵 한 봉지를 기다렸던 것 같다. 그 시절 내 몸은 아팠을 때 약보다 빵의 효험이 더 컸다. 고뿔이라도 걸리면 엄마 손을 잡고 면 소재지 약방까지 나가곤 했는데 약방 못 미쳐 있는 가게에서 빵 한 봉지를 먹으면 약방까지 갈 필요 없이 집으로 되돌아오곤 했다. 분명 꾀병은 아니었는데도.

종수의 손을 기다릴 가족들의 모습을 생각하니 거절할 수가 없었다. 더군다나 사진기도 자신의 소유가 아니라 대여한 것이라 했다. 그러면 사진기 대여한 금액 이상은 사주어야 할 텐데. 사진을 돌려주는 사람이 구매하는 사람보다 많았다. 오늘 종수는 종일 번 돈보다 더 많은, 휴짓조각이 되고 말 알 수 없는 사람들의 사진을 들고 집으로 가야 할 것만 같다. 그중 우리가 놓친 모습 몇 장만 골라 사겠다고 말할 수는 없었다. 다른 곳에서 조금 절약하자는 마음으로 그가 현상해 온 사진 모두를 사는 금액은 삼십 달러였다.

여행지에서 돌아와 핸드폰에 들어 있는 사진을 현상소에서 현상하는 값은 불과 이만 원도 되지 않았다. 내가 순간의 감정으로 괜한 낭비를 했나 하는 생각이 들기도 했다. 그러나 그가 너무 만족하게 웃으며 하이파이브를 권하던 순간의 얼굴을 생각하면 좀 낭비를 했으면 어쩌랴 싶다. 그의 삶이 좀더 평안하기를 기도하며 좋은 추억의 사진으로 간직하련다.

고향 편지

  부모님이 계시지 않은 고향은 고향 같지가 않다. 귀성 행렬 틈바구니에 끼어 고생하지 않으려고 추석을 비켜서야 아버지 산소를 찾았다. 밭에 홀로 누워 계신 아버지. 왜 이제야 왔느냐고 탓하는 대신 힘들게 뭐하러 왔느냐고 말씀하시는 것만 같다. 군데군데 잔디가 죽어 초라하기 이를 데 없는 아버지 묘 앞에 앉았다.

  묘지에서 바라보는 조왕리 방앗간은 흔적도 없고, 그 주변 서너 채 집들마저 사라져 그곳이 마을이었는지 논이었는지 기억으로밖에 찾을 길이 없다. 세월이 아무리 흘러도 내 마음에 영원히 살아계신 아버지.

  아버지, 참으로 오랜만에 아버지 곁에 앉아 보네요. 3남 1녀 고명

딸이라며 그토록 많이 사랑해주셨는데 저는 아버지께 그다지 상냥하지 않은 딸이었어요. 어린 시절 아버지와 한집에서 세끼 밥을 먹고 살았던 날이 몇 날 되지 않았기 때문일까요. 늘 남의집살이를 하느라 반 달 만에 빨랫감 한 보퉁이를 들고 늦은 밤에 오셨다 새벽을 열고 가셨으니 어디 어리광이나 제대로 부려볼 시간이 있었어야지요.

가난에 짓눌린 어깨를 펴 드리겠다는 야무진 약속을 지키기는커녕 아버지의 뜻을 어기며 철없는 나이에 결혼했던 불효녀입니다. 그랬는데도, 몇 년 뒤 병상에 누워 계실 적엔 제가 일찍 결혼해서 사위도 보고, 손자 손녀도 보고 갈 수 있겠다며 흡족해하셨지요. 첫 손자, 인이를 참 많이 예뻐하셨는데…. 그 애가 어느새 서른한 살이 되었답니다. 둘째 영은이는 스물아홉이고요.

아버지 돌아가시고 2개월 만에 막내 해균이가 교통사고로 천국에 갔는데 아버지 알고 계셨나요? 그때 심장병을 앓고 계시던 어머니께서 충격을 받으시면 큰일이 날 것 같아 해균이의 죽음마저 비밀에 부치며 얼마나 노심초사했는지 몰라요.

그 6개월 뒤에 또 큰집 판균이 오빠가 비명횡사했어요. 그러자 슬픔에 겨워하시던 큰어머니께서 점쟁이를 찾아갔답니다. 점쟁이는 처음에 돌아가신 아버지 때문이니 아버지 산소에서 혼백을 달래는 굿을 해야 한다고 했대요. 큰어머니께서 굿을 고집하셔서 기독교 신자이신 어머니와 한동안 갈등을 빚었어요. 그러나 판균이 오빠뿐만 아니라 앞으로 집안에서 또 누가 애먼 죽임을 당할지 모른다는 말에 어머니께서 한 발 뒤로 물러나셨어요. 그 굿 덕분인지는 모르지만, 그 후로 우리 집안에 젊은이의 줄 이은 죽음은 없었으니 다행이라 생각해야겠지요.

아버지의 뜻을 거역한 제 결혼이 파탄 난 것 아버지께서도 알고 계시는가요? 이혼하고 혼자서 인이, 영은이를 키우며 살다가 3년 전에 재혼했답니다. 갈촌에 사셨던 유근적 씨 막내아들인데, 그 사람은 아내와 사별하고 아이 셋을 데리고 살고 있었고요. 공무원인데 성실하고 마음이 따뜻한 사람입니다. 그래서 저는 지금 광명에 살고 있답니다.

실은 제가 한동안 몸이 매우 아팠어요. 큰 수술을 두 번이나 받았답니다. 그럴 때마다 하나님 다음으로 찾았던 게 아버지였어요. 아버지라면 저의 힘든 수술 과정을 잘 지켜주시고 저의 쾌유를 누구보다 간절히 바랄 거라는 마음에서요. '우리 고명딸 내가 하늘에서 지켜주마. 힘내라.' 그렇게 말씀하시는 것만 같아서 힘이 났어요. 아버지의 돌보심으로 이렇게 아버지 앞에 앉아 있네요.

부골 앞 들판을 가로질러 서해안고속도로가 뚫려서 광명에서 아침 먹고 출발하면 고향에 와 여기저기 둘러보고 점심을 먹을 수 있고 점심을 먹고도 일을 더 보고 돌아갈 수 있게 되었답니다. 겨울이면 눈발을 헤치고 산으로 가서 삭정이를 주워 바지게 넘치게 지고 넘어왔던 산들은 모두 흔적 없이 사라졌네요.

아버지께서 가장 궁금해하실 어머니는 지금 요양병원에 계세요.

3년 전 텃밭에서 풀을 뽑다가 허리를 삐끗하는 바람에 다리를 쓸 수가 없어서 그렇게 됐어요. 요즈음 차츰 기력이 떨어지고 말수도 줄어서 걱정이에요. 얼마 전부터는 오른쪽 엉덩이가 너무 아파서 화장실 다니기도 힘들다고 하시더니 결국 기저귀를 차고 누워만 계시니 마음이 아프네요.

아버지와 농주를 나누며 힘든 일 '품앗이'하던 신기 양반이 읍내 터미널 건널목에서 교통사고를 당해 돌아가셨어요. 마을에 유일하게 살아계시던 아버지의 동무셨는데…. 남아 있는 집들도 거의 다 바깥어른들은 떠나시고 늙은 여인들이 집을 지키고 있답니다. 아버지 손아래인 지실 양반 내외와 모산 양반 내외 말고는요.

저 어릴 때만 해도 수탉이 홰를 치며 새벽을 깨우고, 동녘에 해가 뜨면 배고픈 강아지들이 동네 고샅을 휘돌며 아침을 열었어요. 아이들은 아침을 먹고 동산에 올랐고요. 큰 집에 사는 아이, 오두막에 사는 아이 모두 같은 친구였어요.

여름밤이면 어른이나 아이 할 것 없이 밥 일찍 먹고 마을 중앙에 있는 재실 마당으로 모였답니다. 주변에 빙 둘러앉고, 아이들은 가운데 나와 노래하고 춤추며 한바탕 장기자랑을 벌였어요. 아주머니들과 아저씨들은 아이들의 재롱잔치에 하루의 피로를 다 잊고 웃고 손뼉을 치고요. 재롱잔치가 끝날 무렵이면 찐옥수수, 감자가 한 소쿠리씩 나왔지요.

아버지께서는 그 시절에도 남의집살이하느라 동네에서 있었던 소소한 일들은 직접 보지 못하셨지요. 평생을 농투성이로 사시다 결국 병마에 붙들려 좋은 세월 살아보지 못하고 너무도 이른 나이에 가신 아버지. 요즈음엔 시장을 돌다 남성복 판매장에 걸린 멋진 점퍼를 보면 아버지께 사드릴 수 없는 안타까움에 눈시울이 붉어지곤 합니다. 30여 년의 세월을 오늘 다 전해드릴 수 없어 안타깝습니다. 편안히 쉬고 계세요.

어디서 날아왔는지 까치 한 마리 푸드덕 깃을 친다. 자리를 털고 일어나 빈집 같은 마을로 간다. 그러나 아직은 부모님을 기억하는 분들이 계시므로 따뜻한 고향이다.

04

어머니는 부재중

연장 탓

주방 구석에 있는 조리기구들이 유독 눈에 거슬린다. 거실 창문을 통해 투명한 햇살이 집 안을 기웃거리니 아무에게도 보이고 싶지 않은 치부가 드러난다. 너저분한 조리대 한쪽을 차지하고 있는 것들. 한때 애지중지 아끼며 가끔이라도 사용하던 물건들인데 두껍게 내려앉은 먼지가 주인 된 지 오래다. 비좁은 주방을 더욱 지저분하고 칙칙하게 하는 저것들을 쉽게 처리하지 못하는 이유가 있다. 요리에 자신이 없는 탓에 그것들의 도움을 받으면 뚝딱 솜씨 좋은 음식을 만들 수 있을 것이란 믿음 때문이다. 그리고 박봉으로 큰 맘 먹고 장만했던 물건들이 아닌가.

궁벽한 시골에서 가난한 농부의 딸로 자라서였을까. 요리 다운 요리를 먹어본 기억이 없다. 한 끼 허기를 채우기 위한 밥을 먹었지

격식을 갖춘 식사를 한 적이 없다. 때깔 좋게 멋있는 요리를 먹어본 적 없으니 만드는 일은 언감생심. 결혼하면서 요리는 가장 두려운 일이며, 시댁에 가는 일을 부담스럽게 하는 큰 요인이었다. 허리 휘도록 청소하고 설거지는 하겠는데 요리는 영 자신이 없었다.

도깨비처럼 요리를 잘할 수 있게 되리라는 믿음으로 산 것이 도깨비방망이였다. 처음 그것을 구매했을 때 일류 요리사가 된 것 같았다. 요리에 재주가 없을뿐더러 직장 생활을 하던 때라 집에 오면 그저 쉬고만 싶었다. 그러나 도깨비방망이가 있으니 힘들이지 않고 요리가 될 것 같았다. 아니 처음엔 그랬다. 안 하던 요리도 해보고, 설명서대로 하면 그럴싸한 요리가 되었다.

믹서기를 사용해서 재료를 갈 때는 그릇을 옮겨서 사용해야 하는 불편이 있었으나 도깨비방망이는 끓는 솥 안에서도 자유롭게 사용할 수 있으니 진짜 도깨비였다. 저것을 사서 해본 요리가 정확히 무엇이었는지 지금은 생각조차 나지 않는다. 표면이 누르스름하게 변한 채 먼지만 끌어안고 있다. 잘 정돈해서 싱크대 안에 넣어 둘까도 싶었지만, 언제 필요할지 몰라 그냥 그 자리에 두었다. 이렇게 사서 잘 사용하지 않고 쟁여 놓은 기구가 더 있다. 녹즙기, 죽마스터기, 오쿠 등등.

실력 없는 목수가 연장 탓을 한다고 했던가.

주민센터에서 배우기 시작한 파스텔화의 화구도, 몇 년 전 맘먹고 도전한 서예의 도구들도 한구석에 처박혀 있다. 장롱 구석에서 언제쯤 자신들에게 씌워진 죄목을 벗을 수 있을까 기다리고 있을 것이다.

　지난해엔 피아노에 마음이 갔다. 또 고질병처럼 연장 탓만 하다 말까 걱정되었지만 어려서 그토록 배우고 싶었던 피아노였기에 마음을 다잡았다. 마침 재능기부로 가르쳐주시겠다는 선생님의 배려로 고민 없이 시작할 수 있었다. 두 차례의 전신마취를 하고 대수술을 한 이력 탓인지 자꾸 기억이 희미해진다고 느끼던 중이었다. 손가락을 많이 움직이면 치매를 예방할 수 있다는 정보를 접한 무렵이기도 했다. 학습 효과를 높이기 위해서는 집에서도 연습할 피아노가 필요했다. 아이들 어릴 때 사용한 클래식 피아노가 거실 한쪽 면을 차지하고 있지만, 그것을 사용할 용기는 나지 않았다. 층간소음 문제가 발생할까 두려웠다. 당근마켓을 뒤적여 피아노 입문용 키보드를 샀다. 한 달도 안 돼서 연장 탓을 시작했다. 소리가 날카롭고 시끄러울 뿐만 아니라 건반을 누를 때 터치감이 좋지 않았다. 새로운 연장 구할 궁리를 하던 차에 아들이 사용하던 디지털 피아노를 주었다. 헤드셋을 이용할 수 있어서 시간 구애받지 않고 연습할 수 있어 좋다.

　지금은 바이엘 3과 피아노 반주곡 2집 끝부분을 연습하고 있다. 손가락이 뜻대로 움직이지 않아서 애를 먹는다. 페이지를 넘어갈 때마다 막막하다. 이 단계에서 도저히 다음 단계로 넘어가지 못할 것처럼 운지법이 꼬여 엉망인데 지속해서 연습하다 보면 어느새 손가락이 악보를 잘 읽고 있다.

　틈만 나면 피아노 앞에 앉아 있는 나를 발견한다. 아직은 멋있게 노래를 부르면서 칠 수 있는 수준은 아니지만, 흥얼흥얼 피아노를 치고 있는 자신이 대견하다. 피아노는 아직 먼지 구덩이에 묻히지 않았다.

　창문을 기웃거리던 해를 구름이 가렸다. 구름은 이내 거실 창문을 회색빛으로 물들였다. 잠시 후 거짓말처럼 구름이 걷히고 해가 비친다. 탓하지 않고 묵묵히 자신의 길을 가는 해.

　연장 탓만 해온 나를 비추는 햇살을 보면서 절연한 친구와 지인의 문제가 떠오른다. 어쩌면 그들과의 관계도 연장 탓을 하는 나 자신의 문제가 아니었을까.

　어떤 일이건 남을 탓하기 전에 자신을 탓하고 돌아보아야 함을 주방의 연장들을 보면서 생각해본다. 모든 것을 다 해결해 줄 것 같았던 도깨비방망이지만, 그것을 잘 사용하지 못하는 나로 인해 관계는 어그러지고 있다.

　오늘 저녁은 잠자는 도깨비를 깨워 맛있는 볶음밥을 해야겠다.

새집

　가학산 정상에서 한숨을 돌리고 내려오는 길, 우측으로 헐벗은 키 큰 나무에 새집이 아슬하다. 고개를 높이 쳐들어야 겨우 보일 수 있는 우듬지에 있다. 지은 지 몇 년은 됨 직하게 집의 외관은 검고 낡았다. 고만고만한 키의 나무들이 적당한 간격으로 서 있는 공중의 터에 지은 집 세 채. 걸음을 멈추고 주인을 확인하려 한참을 기다려도 기척이 없다. 진이 빠진 겨울 해만 새집을 기웃댈 뿐이다. 어떤 대가족이 터전을 이루고 정답게 사는지…. 이다음에 커서 돈을 많이 벌면 3층 집을 지어 1층엔 부모님, 2층엔 동생, 3층에서는 자기가 살겠다고 호언장담했던 아들놈 생각에 피식 웃음이 난다. 저 집도 그런 소망으로 지어졌을까? 나란히 지어진 새집을 보니 지인의 전원주택이 떠오른다.

가까운 거리에서 정답게 살던 혈육들. 매월 날을 정해 맛집을 찾아다니며 식사를 하고 우애를 나누던 중, 삼 남매가 곡성에 그림 같은 집을 지었다. 지인은 형제 중 큰며느리였다. 그녀의 시동생 부부와 시누이 부부 세 집이 마음을 모아 천여 평의 땅을 사고 집짓기에 들어갔다. 당시 그녀의 남편은 투병 중이었다. 건축설계사를 섭외하고 터를 다지고 자재를 사는 등 일련의 작업은 모두 동생이 맡아 했다. 건축을 진행하는 과정이나 모든 기초공사에 들어간 비용을 분담하는 일 등이 진행되는 동안 조금씩 보이기 시작한 견해차가 입주할 무렵엔 너무 간격이 벌어져 타인만도 못한 관계가 되어버렸다.

예쁘게 단장된 집의 외형을 보고 전원주택의 로망을 실현하기 위해 곳곳을 견학 다니는 사람마다 감탄하는 집이었지만, 내면엔 보이지 않은 균열이 짙었다. 오랜 꿈을 이루어 지은 집. 거실 통유리를 통해 들어오는 앞산과 하늘이 그들의 정원이다. 텃밭에서 고추가 익어가고, 고구마의 속이 실하게 여무는 것을 보며 뿌듯했지만, 그녀의 속마음은 편하지가 않았다. 매년 가을이면 뒷산에서 주워도 주워도 다 줍지 못할 만큼의 알밤을 주웠어도 마음은 털린 밤송이만 같았다. 형제간에 우애하며 지내는 것을 최고의 덕목으로 알고 살았던 그녀이기에 그 상실감은 더 컸을 것이다. 어떻게 하면, 어깨를 걸을 수 있을 만큼 가깝게 지어진 집처럼 마음의 거리도 좁힐 수 있을까? 가끔 놀러 가는 내 마음도 아린데 그 공간에서 살아야 하는 그녀의 마음은 얼마나 불편할지 염려가 되었다.

몇 년 전 친자매처럼 각별하던 친구와 사소한 충돌로 힘겨운 시간을 보낸 적이 있다. 서로 편하다 보니 한마디의 말에 주의를 기울이지 않은 탓으로 메울 수 없을 만큼 마음의 거리가 멀어진 채 서먹한 사이가 되었다. 어느 정도 시간이 흐른 뒤에는 그때의 실수를 봉합한 것 같았지만 한 번 벌어진 거리는 절대 좁혀지지 않고 그대로 굳어져 버렸다.

미물도 적당한 거리를 유지하는 법을 터득한 것일까. 이 나무에서 저 나무까지 가려면 적어도 열 번의 날갯짓은 해야 할 거리다. 서로 각별하다고 한 나무에 집을 지었다면 사생활도 침해받고, 알고 싶지 않은 상대의 소소한 일들까지 알게 되어 서로 피곤할 것이다. 옆집에서 들려오는 즐거운 웃음소리는 반길 일이지만, 행여 부부가 싸우는 소리나 말썽꾸러기 아이들 혼나는 소리는 반갑지 않다. 대문을 열고 나가서 최소 백여 보를 걸어야 닿는 거리. 그만큼의 거리가 관계를 유지해주는 거리이지 않을까. 위험에 노출되었을 때 소리를 질러 알릴 수 있을 만큼의 거리를 유지하며 지은 집이라니. 새삼 그 집 주인의 정체가 궁금하다.

상처는 가장 믿었던 사람, 누구보다 가깝다고 느꼈던 사람에게 받는다. 거리 조절을 못 해서 당한 배신감이 얼마나 컸던가? 또 그 횟수는 얼마나 많았던가? 그 적정거리를 유지하지 못하고 겁 없이 좁혀버린 거리는 내가 만든 것이니 누구를 탓할 건가.

삼십 년 만에 우연히 연결된 친구와 함께 오른 가학산이었다. 한 시간여 함께 산길을 걸으며 고교 졸업 후 각자 건너온 삶의 이랑과 파도에 관한 이야기들을 압축하여 나누었다. 긴 세월이 흐른 뒤 다시 만난 친구와 힘겨운 관계가 되지 않도록 지금부터 마음의 보폭을 조절해야겠다.

냄비

누렇게 세월이 덧입혀진 스테인리스 냄비. 3, 4인 가족의 따뜻한 밥상을 차릴 만큼의 국을 끓일 수 있는 크기에 밑이 두껍고 둥그렇다. 빨간색 사과 반쪽을 서로 마주 보게 그려진 그림이 흡사 키스하는 남녀 같다. 냄비 몸통과 뚜껑에 같은 그림이 반복적으로 그려진 것은 끝없이 사랑하며 살라는 뜻일까.

냄비는 선택권이 없다. 언제라도 주인의 선택을 받으면 매운 국물을 품고 뜨거운 열을 받아 뭉근하게 익히는 일에 열중해야 한다. 늦게 돌아오는 가장을 위해 최대한 식지 않게 입을 다물고 몸을 웅크려 열을 지켜야 한다. 때로 아이들 간식용 딸기잼을 만들 때는 끓어 넘치지 않게, 뜨거운 딸기 국물이 주변으로 튀지 않게 단속해야 한다. 그런데도 냄비 밖으로 튀어 나가는 잼 방울에 대해서는 순응하는 수밖에 없다. 깨를 볶을 때는 또 어떤가. 씻은 깨의 수분이 마르면서 깨가 다 볶아졌을 때 사정없이 냄비 밖으로 몸을 던지는 깨들 앞에서 냄비는 체념할 수밖에 없다.

결혼 생활에 없어서는 안 되는 냄비. 법랑 냄비, 알루미늄 냄비, 양은 냄비, 유리 냄비, 스테인리스 냄비 등 다양한 종류가 있다. 법랑 냄비는 가벼우면서 고급스럽지만, 사용에 주의해야 하고, 알루미늄이나 양은 냄비는 건강에 해롭다는 이유로 쓰지 않는다. 유리 냄비는 무겁기도 하지만 조심성이 없는 내게는 맞지 않는다. 가장 애용하는 냄비는 스테인리스 냄비다.

학교와 집밖에 모르던 학창 시절을 마감하고 채 2년도 안 된 스물세 살에 같은 직장에 다니는 남자와 결혼했다. 나이 차가 꽤 있던 터라 내게 결혼에 대한 선택권은 없었다. 냄비 한 번 제대로 사용해 보지 않아 어설프기 짝이 없는 초보 주부로 유리 냄비처럼 불안한 신혼이었다. 적어도 냄비처럼 다양한 남자들이 있다는 사실도 모른 채 가정을 이룬 철부지였다. 하지만 가스레인지에 올려진 냄비가 충분히 맛있는 요리를 익혀내듯 남편의 말에 순응하고, 시부모님을 잘 받들어야 하는 법은 알고 있었다. 크고 작은 부딪침이 있을 때마다 주어진 크기대로 음식을 담아 익히는 냄비처럼 살아냈다.

결혼식장에 참석할 수 없는 사정이 있다고 신부 화장하는 미장원으로 달려오신 선생님 손에 코팅 냄비와 스테인리스 냄비 두 개가 들려 있었다. 차진 사랑으로 밥을 짓고, 넉넉한 마음으로 국을 끓여서 오래도록 행복한 가정 꾸리기를 바라는 선생님의 마음이었을 것이다.

  선생님과 인연은 여고 1학년 때부터 맺어졌다. 교련을 담당하시던 선생님은 자상한 엄마 같기도 했지만, 잘못을 저질렀을 때는 사나운 계모 같기도 했다. 실업계 고교여서 진학에 대한 부담은 없었지만, 취업이라는 현실적인 고민이 많던 때였다. 어려운 가정 형편상 포기 상태였던 고교에 진학했기에 누구보다 열심히 학교생활을 했다. 3학년 때 우연히 학도호국단 연대장을 하면서 선생님과 더 깊은 정을 나누게 되었던 듯싶다. 선생님께서 하라시는 대로, 성실하게 열심히 했을 뿐인데 졸업 후 후배들을 통해 선생님께서 나의 칭찬을 많이 하신다는 사실을 알았다. 졸업할 때 반듯한 직장을 얻지 못하고 학원을 전전하던 나를 잊지 않고 단위농협에 시험을 치를 수 있게 모든 서류를 준비해서 후배를 통해 전해주신 것도 그 선생님이셨다. 농협은행 입사 시험에서 낙방한 아픈 기억이 있어 농협 계통에 들러리 시험은 치르지 않겠다고 다짐하며 지냈었다. 그러나 선생님의 은혜에 보답하는 마음으로 시험에 응시하여 합격하는 행운도 얻었다.

  졸업생 중 공개적으로 결혼한 건 아마도 내가 첫 번째였지 싶다. 그때 선생님께서 해주신 말씀들은 30여 년의 세월이 흐르는 동안 거의 잊혔지만, 냄비에 새겨주신 마음만은 간직하고 있다.

  힘겨운 생활이 이어지는 동안 냄비에 관한 생각을 잊고 살았다. 선생님의 간절한 기원이 담긴 냄비를 홀대한 대가였을까? 결혼 15

년 만에 남매를 데리고 돌싱이 되었다. 아이들의 초, 중, 고, 대학교 뒷바라지를 하며 혼자 살아가는 긴 세월 동안 내 손을 거쳐 간 냄비들에 대한 기억은 없다. 시간을 들여 끓이고 볶는 식사라기보다 그저 한 끼니를 때우기였다.

내게 다시는 행복한 결혼 생활이란 없을 줄 알았다. 다시는 따뜻한 가정을 꾸릴 자신도 없었고, 속 깊은 냄비에 뭉근하게 곰국을 끓이는 평화로운 인생은 생각지도 않았다. 그러나 나는 지금 좋은 가정을 꾸려 5년째 행복하게 잘 살고 있다. 문득 딸이 사용하던 낡은 냄비였지만 홀대하지 않고 잘 사용해주신 친정어머니의 사랑과 정성의 공덕으로 오늘의 내 평화로운 삶이 주어진 것이 아닌가 싶어 싱크대 구석에서 발견한 냄비를 쓸어본다.

한동안 잊고 산 냄비다. 결혼 십 년 차에 오래되고 낡은 그릇들을 정리하며 무심코 친정엄마 집으로 보냈던 것 같다. 갈 때마다 엄마의 손에서 잘 사용되고 있는 냄비를 보며 선생님의 사랑을 잊지 않으려 다짐하곤 했다. 밥솥은 코팅이 벗겨져 사용하지 않았지만, 버리지 못하고 오랫동안 주방 한쪽을 지켰다.

친정에서 돌아오는 길에 보이지 않는 곳에서 내 삶을 응원하고 함께할 날을 기다려온 것만 같은 냄비를 가져왔다. 이 냄비가 곁에 있는 한, 나의 삶은 행복만 끓일 것 같다.

깨끗이 닦으면 언제나 새것처럼 반짝이는 스테인리스 냄비처럼 영원히 변치 않는 선생님의 은근한 사랑을 잊지 않을 것이다.

분리수거

"갑순, 좋아할 만한 책꽂이 분리수거장에 있네."

평소 다양한 가구들을 주워다 재사용하는 모습을 보아온 지인이 보내온 톡이다. 집 안을 스캔하듯 샅샅이 살펴보니 소품 하나 들여놓을 공간이 없다. 그런데도 얼른 밖으로 나갔다. 색칠하지 않아 나무의 색감 그대로인 원목 책장이 말끔했다. 뒷면 옆면까지도 흠잡을 데 없이 깨끗하고 탄탄했다. 2년 전에 가져다 사용하는 책장의 크기와 비슷해서 교체하여 사용하면 딱 좋겠지만, 공사가 이만저만이 아닐 테니 아쉬운 마음을 접고 돌아서야 했다.

이렇게 나와 인연을 맺은 물건들이 많다. 크고 작은 책장이 네댓 개나 되고 탁자와 식탁과 의자도 여러 번 교체하여 사용 중이다. 형님댁에서 잘 쓰지 않아 버리겠다고 했던 전기 매트와 유선 청소기,

매일 사용하는 식기류들까지 하면 여기저기에서 수거해 온 품목의 수를 헤아릴 수 없다.

어렸을 적, 한마을에 사는 네 살 연상 언니가 입던 옷은 작아질 때면 어김없이 내게로 왔다. 남이 입던 옷을 입었다고 친구들이 가끔 놀리기도 했지만, 창피하게 생각되지 않았다. 엄마가 명절 앞두고 사다주는 옷보다 고급지고 예뻤기 때문이다. 새 옷 살 형편이 되지 않으니 엄마는 시장에서, 지금으로 말하면 구제 옷을 사 오셨다. 가끔은 옷의 흰 부분이 누리끼리하게 변색한 것도 있고 치맛단 올이 풀려 실 가닥이 길게 매달린 옷도 있었다. 누가 입었는지도 모르는 그런 옷들보다 예쁜 언니가 입었던 옷이니 내게는 설빔이었다.

재사용하는 것이 몸에 익은 탓일까. 멀쩡한 것들이 버려져 있는 것을 보면 안타깝고 안쓰러운 마음마저 든다. 더 오래 함께할 수 있는 인연을 억지로 끊어버린 것 같다. 책장은 주인이 세워둔 위치에서 한 발짝도 움직이지 않고 임무를 완수했을 뿐일 텐데. 이사한다고, 새것으로 바꾸기 위해 야멸차게 분리수거장으로 내쫓기는 것이 어디 사물에만 해당하겠는가.

인간관계도 친밀도에 따라 순위를 매긴다면 영순위인 그녀와 형제지간보다 가깝게 지내기 시작한 건 이십여 년 전쯤의 일. 삶이 닮은 데가 많아서 서로 더 끌렸던 것일까. 매일 만나고 수시로 통화하고, 틈만 나면 가까운 곳으로 바람을 쐬러 다니고 정말 연인처럼 지냈다. 그런데 지난해 여름. 왠지 전 같지 않다는 느낌을 받았다. 무슨 일일까 아무리 곱씹어봐도 짐작되지 않았다. 그냥 가벼운 톡을 보내도 읽은 후 며칠 만에 건조하고 짧은 답만 왔다. 전화해도 받지 않고 부재중을 확인하고도 전화가 없었다. 그냥 있으면 안 될 것 같아 다시 전화를 시도한 끝에 통화가 되었고, 마음이 차갑게 식어버린 이유를 알게 되었다. 정말 사소한 오해에서 비롯된 것이었다. 어떤 점 때문에 섭섭했노라는 말만 했어도 즉시 해명해서 골이 그토록 깊어지지는 않았을 텐데. 눈물로 설명하고 사정해서 겨우 금이 간 관계에 땜질했다.

　나는 오래되어 낡은 물건도 쉽게 버리지 못하고 한 번 맺은 인연도 쉽게 놓지 못하는 습성이 있다. 한 번 깨진 바가지는 수선해도 소용이 없다고 했던가. 다시 어떤 일로 관계가 꼬였다. 몇 번 톡을 보냈더니, 이제 편히 쉬고 싶다고 연락하지 않았으면 좋겠다는 답이 왔다. 나는 언제든 그 자리에서 기다리고 있을 테니 마음이 편안해지면 연락 달라는 답문을 보내고 불통 중이다.

　한동안 내가 버려진 책장 같았다. 원하는 공간에 놓인 순간부터 버려지는 순간까지 책장은 소임을 다했을 것이다. 소중한 관계를 잘 이어가기 위해 최선을 다했다고 생각한다. 아무 잘못도 없이 하루아침에 수거장으로 쫓겨난 책장은 얼마나 쓸쓸하고 서글플까. 책장은 본래 주인과 연을 끊고 다른 주인을 만나고 싶지 않을 것이다. 그저 처분만 바라다가 내쫓겼을 것으로 생각하니 내 모습인 듯하다. 주인도 오래된 인연에 쉼표를 찍고 쉬고 싶었을까. 내가 소각

장으로 실려가 흔적 없이 사라질 것만 같다.

　인연의 관리를 생각해 본다. 가끔은 마음의 창고를 뒤적여 끈끈한 정도에 따른 분류를 해야 할 것 같다. 진정으로 오래 갈 인연, 대강 가볍게 지내야 할 인연, 아예 쓰레기장에 내다 버려야 할 인연.

　2,000여 개의 전화번호가 저장된 휴대전화를 뒤적인다. 몇 년째 톡을 보내도 답이 없는 인연도 있고, 내가 보내는 톡에는 꼬박꼬박 답을 하는 인연도 있고, 내가 하기 전에 먼저 안부를 물어주는 인연도 있다. 십 년 넘게 연락 한 번 오가지 않는 사람의 번호도 핸드폰에 저장되어 있다.

　오늘은 과감하게 낡고 오래된 것들, 크게 소용이 없는 작은 물품 몇 가지를 내다 버렸다. 맘먹은 김에 휴대전화의 인연도 분리수거를 한다. 몇 년 동안 한 번도 연락되지 않은 번호를 과감하게 버리고, 언젠가는 소용이 있을 것 같은 번호는 확인하고 다시 저장한다.

　늦은 오후 한가한 바람이 시원하다. 왠지 쓸쓸한 마음을 다독이며 밖으로 나가니 분리수거장에 멀쩡한 옷걸이가 있다. 순간 반짝이는 눈빛으로 걸음을 멈추었다. 저것을 가져다 어디에 놓고 사용하면 좋을까.

인생 속도

규정 속도로 달리다 보면 앞질러 가는 차들이 많다. 때로 클랙슨을 눌러대는 바람에 핸들 잡은 손이 놀라 차선을 벗어나기도 한다. 경쟁하듯 속도를 즐기는 차량들. 앞서가는 것들을 보면 과속으로 떠나버린 막냇동생이 섬광처럼 떠오른다.

3남 1녀 중 막내로 태어난 동생. 엄마는 딸 하나를 더 두고 싶었는데 낳고 보니 아들이라 했다. 딸이기를 바라는 마음이 태교가 되었던가. 막내는 딸보다 더 살가운 아들이었다. 고등학교를 졸업하고 일찍 해군에 자원입대했다가 제대한 지 2개월여 만에 교통사고로 유명을 달리했다. 무엇이 그리 급했을까. 고교 3년 동안 기숙사비를 지원한 누나에게 평생 은혜 갚으며 살겠다는 약속을 하고 직장 찾아 상경한 지 삼 일 만이었다.

운명이 속도를 앞질러 가는 것인지 속도가 운명을 결정짓는 것인지 모르겠다. 내가 삶의 속도를 줄였다면 악연들을 피할 수 있었을까. 지금도 나는 길 위에서 두리번거리게 된다. 그때 서둘러 그 직장에 가지 않았더라면 그 사람을 만나지 않았을까.

고등학교를 졸업하고 이곳저곳 직장을 옮겨 다니다가 최종적으로 자리잡은 곳이 지역 농협이었다. 그곳에 입사하게 되어서 얼마나 자랑스러웠던가. 쭉 뻗은 고속도로처럼 평탄할 것 같은 앞날에 부모님은 또 얼마나 기뻐하였던가. 입가에 미소가 떠나지 않던 모습이 지금도 잊히지 않는다.

속도를 타는 것도 잠시, 사내 연애로 스물셋 어린 나이에 결혼하지 않았더라면 나의 운명도 바뀌었을까? 평화롭게 흐르는 시간에는 속도가 없었다. 아이가 태어나면서 눈 맞추기, 옹알이, 뒤집기 등, 한 발 떼고 또 한 발 떼며 점차 걷게 되었을 때의 속도감은 내게 보상 같기도 했다.

말을 배우면서 글자를 익히고 초등학생이 될 때까지도 속절없이 끌고 가는 시간의 속도를 감지하지 못했다. 엄마의 시간은 아이가 커가는 모습으로 충분한 보답이었다. 그러나 어느 순간 무난하던 일상이 뒤틀리고 엉키면서 가속도가 붙기 시작했다. 급해진 속력은 삶을 송두리째 흔들었다.

평균 속도를 가늠할 수 없는 시간의 흐름에 따라 가정은 파경에 다다랐다. 초등학교에 다니던 딸과 예민해진 중학생 아들을 데리고 속도감을 느낄 겨를도 없이 살았다. 하루하루 살고 있다는 사실조차 실감할 수 없을 만큼 알 수 없는 속도에 지배당한 채 살던 시절이었다. 삶에 여백 한 점이 없었다. 누군가 내 삶의 스위치를 맘대로 조작한 것만 같은 시간이었다.

여유롭게 달리는 차가 답답했는지 뒤쫓아 오던 차 한 대가 경적을 울리며 추월해간다. 그 속도가 일으킨 바람에 낙엽이 맥없이 한쪽으로 쏠린다. 생각지 않은 속도에 휘둘린 낙엽의 몸이 떨린다. 아무리 허공을 휘저어도 붙잡을 것이 아무것도 없던 황망한 시절을 생각하면 마음이 어수선해진다.

이를 악물면 내 삶의 속도를 제어할 수 있을 줄 알았다. 49년 동안 추월하지 않고 정상 속도로 달려왔다고 생각했었다. 수없이 많은 굽은 길을 만날 때도 알 수 없는 힘이 조절하는 속도에 대항하지 않고 형편대로 대처하며 살다가 다다른 나이였다. 그러나 질병은 속도를 위반하는 선봉장이었다. 규정 속도를 지키며 살았는지, 어기는 삶이었는지 묻지도 않고, 나이 불문 속도위반 딱지를 붙였다. 암 환자로 살아야 하는 새로운 분기점이 되었다. 누구라도 속도에 배신당하고 슬픈 연극의 주인공이 될 수 있다는 사실을 실감했다.

밀리고 밀리는 도로에서 아무리 힘이 들어도 갓길이나 쉬어가는 길을 택해 잠시 휴식의 시간을 가지는 법을 몰랐었다. 도로에 들어서면 곁길로 들어가지 말고 곧게 가야만 하는 것으로 알던 바보스러운 삶에 종지부를 찍어 준 사람은 지금의 남편이다.

그도 나도 느리고 여유롭게 살아온 인생이 아니었기에 한 사람이 거센 바람에 휘둘릴 때 다른 한 사람이 전신으로 바람을 막아주며 우리 삶에 맞는 속도를 터득했다. 삶의 속도를 감지하며 기어를 변경하기도 액셀러레이터를 밟기도, 브레이크를 적절하게 조절도 하며 살 수 있는 지점에 이르렀다. 쓰나미처럼 휘몰아치던 곡절 많은 인생의 속도가 데려다준 결과인지도 모르겠다.

  깜빡이를 켜고 달려오는 이들에겐 언제든 먼저 가라 길을 내주며 서로에 대한 사랑과 배려로 현재 삶의 속도에 순응하며 느긋하게 제2의 인생 이야기를 써나가고 있다. 전방에 샛길이 보인다. 따뜻한 불을 밝히고 나를 맞아줄 집으로 향하는 길이다.

어머니는 부재중

남편에게는 어머니가 두 분이다. 한 분은 사십여 년 전 돌아가신 낳아주신 어머니이고, 다른 한 분은 공직생활 중에 만나 삼십 년 넘는 세월 동안 자상하게 챙겨주신 수양어머니다.

"아이고 우리 사무장님, 고향이 전라돈가비네. 반가워요잉."

투박한 사투리를 쓰며 과하게 반기시는 통장님의 갑작스러운 행동은 사람들 앞에서 남편을 불편하게 했고, 붉은 홍당무로 만들기 일쑤였다. 도회지 사람 같지 않게 정 많고 억척스러운 통장님과 질박한 신고식을 치른 후부터 갑자기 돌아가신 어머니에 대한 그리움이 증폭되었다고 한다. 그동안 한 번도 보이지 않던 어머니가 꿈에 나타나기도 하고, 괜스레 창밖을 바라보는 시간이 많아졌단다.

겉모습은 돌아가신 어머니와 정반대인데 속마음이 닮은 데가 많아선지 통장 회의가 있는 날엔 마을 어귀에서 장에 가신 엄마를 기다리던 어릴 적 아이의 마음이 되었다고 한다. 남편은 알 수 없는 힘에 끌려 통장님을 마음속으로 꿈에도 그리운 어머니 빈자리에 모시게 되었다.

진실한 마음은 말하지 않아도 통하는 것일까. 통장님은 어느새 남편의 어머니 역할을 하고 계셨다고 한다. 외근에서 돌아오면 정성껏 담은 김치나 참기름이 보자기에 쌓인 채 책상에 놓여 있기도 했고, 명절이면 어린 시절 엄마가 해주시던 떡을 해서 주시곤 했다.

그렇게 정이 깊어갈 무렵 통장님에 대한 흉흉한 소문이 돌았다고 한다. 춤바람이 나서 병든 남편은 뒷전이고 외박이 잦은, 행실이 바르지 않은 사람이니 통장직을 박탈해야 한다는.

연록의 나무들이 짙은 초록으로 단장하는 5월까지도 소문은 꼬리를 물고 이어졌다. 어느 날, 퇴근길에 찾아갔더니 통장님은 등을 구부리고 잠든 남편 옆에서 혼자 울고 계셨다고 한다. 그 모습이 아버지와 한바탕 전쟁을 치른 후 부엌에서 쪼그리고 앉아 눈물을 찍어내던 어머니 같아 망연히 지켜만 보았다고 한다. 어느 정도 설움이 진정되었을 때에야 양어머니에게 다가가 어깨를 감싸주었단다.

병든 남편의 수족이 되어야 했기에 통장들과 여담을 나눌 시간도 없이 회가 끝나면 바로바로 사라지는 통장님의 속내를 모르는 사람들이 소설을 쓴 것이었다.

며칠 속을 끓이던 통장님은 이내 툴툴 털고 예전 모습으로 돌아

_ 어머니는 부재중

오셨다고 한다. 소문의 근원지를 찾아서 대거리할 수도 있으련만, 통장님은 묵묵히 자신의 본분을 다함으로써 헛소문을 잠재우셨다.

남편과 소설 같은 제2의 인생을 시작하면서 처음으로 인사를 드린 분이 통장님, 바로 남편의 양어머니였다.

"아이고 반가워요. 우리 유 과장님 참 좋은 분이여. 어떤 색시인가 했더니 참 좋게 생겼고만잉."

통장님은 남편을 대할 때보다 나를 대할 때 더 환하게 웃으셨다. 딸이 없어서 늘 아쉬웠는데 싹싹한 게 정말 딸 같아서 좋다며 한 번씩 찾아가면 꼬깃꼬깃 접은 마음을 손에 쥐여주시곤 했다.

어쩌다 전화라도 드리면 고맙다는 말씀을 전화 끝날 때까지 하시고, 음식 대접을 하고 싶어서 식당에 모시고 가면, 많이 들지도 않으면서 그렇게 좋아하실 수가 없었다. 연애하는 소녀처럼 설레는 모습으로 우리 부부를 번갈아 지긋이 바라보곤 했다.

구름산의 푸른 나무들이 붉은 옷을 갈아입고, 한철 멋지게 살다가 점점 물기를 잃어가듯 양어머니는 차츰 기력이 쇠약해지셨다. 걸을 때 다리가 휘청거려서 넘어질 듯 위태로워 보이고, 가끔 엉뚱한 말씀을 하시기도 했다.

추석 선물로 달고 맛있는 배 한 상자를 사다 놓고 언제쯤 가져다드릴까 전화를 드렸더니 넘어져 콧대를 다쳤다고 했다. 볼 때마다 야위고 큰 키가 허수아비처럼 흔들리는 모습이 안쓰럽고 불안했었는데 결국 넘어지신 것이다. 서둘러 찾아가 근처에서 전화를 드리니 아파서 못 나간다고 해지 않았느냐는 뜬금없는 말씀을 하셨다. 마음이 철렁 내려앉았다. 가슴을 쓸어내리며 돌아오는 발걸음이 내내 무거웠다.

코로나 19가 유행하는 동안 만나지 못하고 지냈다. 얼마 전 전화를 드렸는데 받지 않으시더니 엊그제는 전화기 전원이 꺼져 있다는 기계음만 되풀이되었다.

어머니 살던 집으로 찾아갔다. 낡은 쪽문이 단단히 잠겨 있었다. 한참을 서성이다 집주인과 주변 사람들에게 어머니의 행방을 여쭈었으나 바쁜 도시민들의 이웃에 대한 무관심만 확인하고 돌아왔다.

언제쯤 어머니의 정 넘치는 목소리를 들을 수 있으려는지. 다시 뵐 수는 있을지 안타까운 시간이 흐르고 있다.

지푸니

아끼던 차를 폐차시키고 중고를 산 적이 있다. 필리핀에서 낡은 차들이 거리를 활보하는 모습을 보았다. 그때 폐차한 내 차가 혹 그곳에서 그들의 손에 의해 새롭게 탄생하여 달리고 있지 않을까 싶은 엉뚱한 생각을 했다.

관광버스는 종일 에어컨을 틀었다. 한낮에만 잠깐 틀어도 될 날씨인데도 운전사는 에어컨에 무감각한 건지 서비스 정신이 없는 건지 신경을 쓰지 않았다. 에어컨을 끄든가, 좀 약하게 하라고 주문하니 그런 조절이 불가하다고 했다. 켜든지 끄든지 둘 중 하나만 가능하단다. 우리나라에서는 진작 폐차장으로 갔을 법한 차 같았다. 그러나 운전기사는 출고된 지 20년은 족히 되었을 법한 버스로도 아슬아슬하게 좁은 길을 잘도 달렸다. 우리는 여행지에서 비명횡

사할까 두려워 있는 힘을 다해 손잡이를 잡고 있는데 운전기사는 아주 태연했다.

시가지 도로 한쪽엔 우리나라의 대기 중인 택시처럼 줄지어 기다리는 지푸니들이 있었다. 사람들을 싣고 달리는 도색이 화려한 지푸니의 모습이 경이로웠다. 타고 내리는 일은 문도 없는 차 뒤를 통해서였다.

필리핀 서민들의 교통수단인 지푸니에서 사람 냄새가 느껴졌다. 지푸니는 우리나라나 다른 나라에서 폐차 상태에 있는 차들을 들여와서 모두 망치로 두드리고 펴서 개조하여 만든 수제 차란다. 유리창도 없는 비좁은 공간에 의자만 길게 마주 놓여 있다. 그곳에서 쭈그리고 앉아 가다 내리면 코가 시커멓게 되는 일은 다반사란다. 그나마 지푸니라도 탈 수 있는 사람은 행복한 거라니. 좀 힘든 현실을 탓했던 자신이 부끄러워진다. 지푸니와 일반 차량이 얽히고설킨 도로는 아찔했지만, 누구도 경적을 울리지 않는 모습이 신선했다.

거리에 나와 다니는 사람들은 모두 느긋했다. 뛰는 사람을 찾아보려 애써도 보이지 않았다. 그래서 그들을 잘 모르는 외국인들은 게으르다고 말하나 그들은 게으른 게 아니라 느린 것이란다.

차량 밖에서 느리게 걷는 사람들에게 환하게 웃으며 손을 흔들었다. 누구랄 것도 없이 그들도 웃으며 손을 흔들어 답해주었.

지푸니는 항상 같은 시각에 출발하는데 우리나라 옛날 차장 같은 조수가 있었다. 우리의 차장은 버스 요금을 받는 게 주목적이었

_ 지푸니

지만, 지푸니의 조수는 사람들의 무거운 짐을 싣고 내려주는 데 필요하단다. 비가 오나, 거센 태풍이 지나가도 한 번도 거르지 않고 지푸니는 거리를 달린단다. 가끔 버스회사와 운전사들 간의 갈등으로 사람들의 발길을 묶어버리는 우리나라에 비하면 참 순수하고 정의로운 사람들이라는 생각이 들었다.

비가 오는 날에도 조수는 승객들의 짐을 싣느라 온몸이 젖는 것엔 아랑곳없이 출발 시각에 맞추려 안간힘을 쓴다. 옥수수, 사요테, 고구마, 토마토, 카사바, 자프룻, 바나나 등 온갖 채소와 과일들을 싣느라 땀범벅이 된다. 그래도 그의 얼굴에서 웃음은 사라지지 않는다고 한다.

지푸니 지붕 위까지 빼곡히 짐을 싣고 달리는 것을 보면서 어릴 적 모습이 떠올라 피식 웃음이 났다. 마을에서 한참 떨어진 중학교에 다닐 때. 등하굣길에 우연히 경운기나 소달구지를 만나면 죽기 살기로 달려가서 얻어 탔다. 주인은 위험하다고, 또한 짐이 많이 실려 있어 자리가 없다고 말렸으나 우리는 안간힘으로 주인 몰래 매달렸다. 검정 운동화가 자갈에 쓸려 밑창이 닳아도, 먼지가 눈으로 콧구멍으로 들어와도 손을 놓지 않았다. 학교에 빨리 갈 수 있는 점도 있지만, 그것을 타는 맛이 좋았다. 그 시절 시골에선 지푸니 같은 차도 구경하기 힘들었다.

어느 날 마을 언덕길에 택시 한 대가 들어왔다. 동네 꼬마들은 모두 그곳으로 집결했다. 잠깐 멈춘 차를 만져보기도 하고, 차 유리문을 통해 안을 들여다보기도 하고 호기심이 흙먼지처럼 일었다. 그때 갑자기 택시가 후진했다. 깜짝 놀란 우리는 그대로 뒷걸음질을 쳤고 나는 그만 똥통에 빠지고 말았다. 대소변을 모아 논밭에 거름으로 사용하던 때라 집집이 변을 삭이기 위한 큰 항아리를 묻고 밖으로 나온 똥통에 나무판자 뚜껑으로 덮어 놓았었다. 그 힘없는 판자를 밟는 바람에 그만 그 속으로 빠지고 말았다. 악취와 벌레로 전신을 뒤집어쓴 그때의 악몽은 오래전 휘발되어 잊었었는데 필리핀에서 다시 떠오르다니.

지푸니를 타려고 종종걸음치는 사람들을 보며 혼자 웃었다.

변便에 대한 변辯

황홀한 빛깔이었다. 직장 화장실 옆 작은 공터에 어지럽게 놓인 화분 중 유독 선명한 빛깔로 핀 철쭉 화분. 산과 들에 핀 철쭉보다 훨씬 선명하고 맑은 빛깔을 한 그 꽃은 눈부시게 고급스러웠다. '저 철쭉은 왜 저렇게 특별할까?' 허리를 굽혀 유심히 살폈다. 순간, 눈에 들어오는 흩어져 마른 개똥 무더기. 못 볼 것을 본 것처럼 놀라 허리를 일으키자니 옛 생각이 났다.

결혼 2년 차에 시골 빈집에 들어가서 살게 되었다. 파란 기와집에 남새밭도 제법 넓고 하늘색 대문도 꽤 큰 집이었다. 큰아이는 이제 막 돌을 지났고, 둘째를 품은 몸은 서서히 만삭이 되어가고 있었다. 농촌 출신이지만 농촌에서의 삶은 만만치 않았다. 특히 밤이면 화장실 가는 길이 왜 그렇게도 무서웠던지. 누렁이 한 마리를 길렀다. 음식물 찌꺼기 처리도 할 겸 무서움을 쫓아줄 용도였다. 길들일 수 없어 천방지축인 누렁이는 아무 곳에나 실례했다. 고심 끝에 마당 끝부분에 작은 웅덩이를 파서 강아지 변을 모았다. 마땅한 거름도 없이 텃밭에 가지며 오이, 풋고추, 토마토를 몇 주씩 심어 가꾸면서 강아지 똥을 뿌려주었다. 변은 요긴한 거름이었다. 무성히 자란 가지마다 어쩜 그렇게 싱싱하고 튼실한 열매를 매달던지.

초등학교 친구와 한집에 세 들어 살던 신혼 시절. 나보다 일찍 결혼한 친구의 둘째 아이는 내 첫아이 출산 1개월 전에 돌이었다. 만삭인 내게 친구는 가끔 둘째 아이를 맡기고 외출하곤 했다. 어차피 집에서 무료하게 종일 보내는 처지였으므로 친구 아이를 돌보는 일은 차라리 즐거움이었다. 그러나 아이의 대변을 처리하지 못하는 것이 문제였다. 제발 아이가 대변을 눕기 전에 엄마가 돌아오기를 손꼽아 기다리곤 했다. 어쩌다 아이 엄마가 빨래라도 할 때 데리고 놀다가 대변을 눕게 되면 비명을 질러 아이 엄마를 불러서 해결하곤 했다.

얼마 후 내 아이를 낳았다. 사내아이였다. 아이를 기르는 일은 결코 쉬운 일이 아니었다. 특히 말을 하지 못하는 신생아 때 아이의 건강 상태를 파악하는 요긴한 방법은 아이 변의 색을 살피는 것이라고 했다. 경험이 없는 나는 늘 친구의 조언을 들으면서 아이를 살폈다. 변의 색을 관찰하기 쉽도록 나는 천 기저귀 사용을 고집했다. 어느 날 기저귀 빨래를 하는데 대변의 색이 좀 이상했다. 냄새도 이상한 것 같았다. 나는 친구의 부엌으로 쏜살같이 달려갔다. 숨도 쉬지 않고 질문 공세를 펴는 나를 빤히 쳐다보는 친구의 시선을 의식한 것은 친구의 어이없는 웃음을 발견한 후였다. 변을 못 치운다고 아기를 보다가 소리소리 질러댔었는데 누르스름하고 시큼털털한 냄새가 나는 변을 코밑에 바짝 들이미는 내가 우스웠던 게다.

시한부 삶을 사는 사람의 절박한 고통보다 내 손톱 밑에 든 가시가 더 아프다는 말이 있다. 내가 당해보지 않고는 세상 어떤 일도 다 알지 못한다. 책을 통해서 지인들을 통해서 알게 되는 수많은 지식과 앎들이 피상적이라는 것이다. 아이의 똥이 얼마나 소중하고, 그 똥의 냄새 또한 얼마나 귀한 것인지를 엄마가 되고 나서야 알았다.

학창 시절, 어려운 집안 사정은 고려하지 않고, 나 하고 싶은 공부만 하겠다고, 갖고 싶은 참고서나 책들을 사달라고 떼를 쓸 때마다 엄마는 그랬다. 너도 이담에 꼭 너 같은 딸 낳아서 길러 보라고, 그러면 이 엄마 마음 알 거라고. 내 인생길에 들이치는 풍파도, 넓게 드리워지는 그늘도 두렵지 않다. 그것은 모두 교육자료, 실습자료일 테니까. 그 큰일들에 직면하여 서툴지만 헤쳐나가면서 난 진정한 하나의 인간으로 성숙해 갈 테니까.

변便은 지저분한 것이라는 인식을 뒤엎은 것은 체험이었다. 한 아이의 엄마가 돼서야 그것을 이해하고, 세상을 보는 눈, 타인을 이해하는 눈이 조금씩 떠지기 시작했다. 아직도 이 우주 삼라만상에서 벌어지는, 많은 타인에게 일어나고 있는 일들을 피상적으로만 알 뿐이다. 난 더 많은 일을 경험으로 깨닫고 배우고 싶다. 오십 중반에 올라선 지금도 내가 알아야 할 것들, 만나야 할 세상은 수없이 많을 것이다.

　변便이 키운 황홀한 빛깔의 철쭉을 본 오늘은 왠지 좋은 일이 있을 것만 같다.

파산

 이상하다. 마음이 답답하고 무겁다. 무엇을 해도 가벼워지지 않는다. 딱히 걱정거리도 우울할 일도 없다 싶은데.
 바깥으로 나가는 길을 차단한 코로나 19 때문일까? 독서회에서 정한 책을 다 못 읽었기 때문인지 그도 아니면 시편 읽기에 뒤처졌기 때문인지 오늘은 기필코 원인을 찾아내리라.
 먼지 뒤집어쓰고 내 눈과 마음을 기다리는 책들이 널브러진 책상 의자에 앉아 본다. 『데미안』도 읽다 멈추었고, 『호모데우스』도 몇 장 남았다. 정기 구독하는 『선수필』과 『동시마중』도 있다. 이곳저곳에서 작가들이 보내온 수필집, 시집도 쌓였다.
 보라색, 노랑색 필통에도, 연필꽂이에도 필기구가 그득하다. 캘리그래피 도구들도 한자리 차지하고 있다. 오랜만에 이면지에 글씨를 써본다. 캘리그래피도 꾸준히 연습을 안 한 탓인지 엉터리다.

매일 좋은 시 한 편 이상 필사하겠다고 다짐하고 진행했던 노트의 먼지를 털고 내친김에 마경덕의 시 「머리끄락」을 베껴본다. 친정엄마와 전화 통화한 내용을 바탕으로 쓴 시다. 누구나 경험할 수 있는 내용이다. 나는 이렇게 누군가 이미 써 놓은 시를 보고 뒷북을 치곤 한다. 어떻게 이런 생각을 해냈을까? 어쩌면 이리도 섬세하고 표현이 선명할까 부러운 마음에 되읽어 본다.

좋은 시를 읽고 때론 속이 후련하고 어두운 밤길 가로등에 불이 훤하게 켜지는 듯도 하지만 오늘은 소화 안 된 상태에 양껏 음식을 먹은 듯 갑갑함이 수위를 넘는다. 시집을 밀쳐두고 성경을 집어든다.

몇이 시편 쓰기를 하자며 시작한 시편 25장을 써본다. 유방암 수술 후 오른팔을 잘 사용할 수 없을 거라는 말에 왼손으로 글씨 연습하던 때가 떠올라 피식 웃음이 난다.

한쪽에 어지럽게 펼쳐진 우편물이 있다. 원고 청탁서다. 갑자기 심장이 요동을 친다. 호흡이 거칠어진다. 아, 이것이었구나. 학창시절 방학 숙제를 다 마치지 않았는데 개학 날이 코앞일 적 마음 같았던 게. 좋은 글을 쓰고 싶은 욕심이 나를 옥죄었구나. 빨리 실마리를 찾아야 하는데 매일 마음을 닦달해도 잡히지 않는 막막함이었구나. 청탁이 왔을 때 거절하지 못하고 기한 내 송고하겠노라 승낙했던 것이 나를 빚쟁이로 만든 것이다.

가장으로 살던 때가 있었다. 두 아이 뒷바라지를 하면서 생활비가 부족하여 마이너스 통장을 만들어 사용했다. 절약하고 절약해도 매월 늘어만 가던 마이너스 통장의 잔액을 보며 소화도 안 되고 막막했던 그때. 웃어도 참 웃음이 아니고 살아도 진짜로 살아 있는 것 같지 않았다. 더 졸라맬 수 없는 허리띠를 그냥 확 풀어버릴까. 개인 파산이라는 것도 있다던데. 때론 놓아버리고 싶은 생각이 들기도 했지만 나는 두 아이의 엄마였기에 끝까지 고삐를 움켜쥐었다.

내 건강관리에 대해서도 그렇다. 크게 아픈 후로는 늘 긴장을 늦추지 않고 살아야 하는 게 버거울 때가 있다. 먹는 것들도 몸에 이로울지 해로울지를 살피며 먹어야 하고 매일 내 몸이 힘들어하는지 아닌지 가늠하며 활동해야 하는 그 팽팽한 긴장을 놓고 싶어질 때가 있다. 그러나 긴장을 놓치는 순간 내가 어찌될 것이라는 것을 알기에 다시 마음의 나사를 조이곤 한다.

마감일이 코앞임을 펼쳐 보여주는 청탁서를 접는다. 원고를 보내기로 했지만 기한 내 쓸 수 없으면 안 보낼 수도 있는 거지. 그런 실수도 하면서 사는 거지. 어떤 일이든 죽는 일과 견줄 수 있겠는가. 어떻게든 중압감에서 벗어나 보려 억지를 내보지만, 그도 잠시다. 절대로 틀에서 벗어나지 않으려는 내 안의 또 다른 나로 인해 감당해야 하는 묵직한 책임을 떨쳐버릴 수 없다.

자유로워지기 위해 우선 눈길로 거실 창을 넘어 앞산으로 간다. 항암치료에 방사선 치료까지 마치고 막 걸음 뗀 아이처럼 걷던 그때의 나를 본다. 바닥으로 떨어진 면역력 걱정에 맘대로 외출을 못하다가 만난 그 바람, 햇빛·얼마나 달콤했던가. 죽을 수도 있겠다는 두려움에 떨던 몸으로, 손으로, 눈으로, 코로 들어오는 풀들, 꽃들, 나무들, 하루살이들, 흙먼지들….

십여 분 걷다가 앉아서 이십 분 쉬고 다시 일어나 걷기를 반복하며 한나절을 보냈다. 그러면서도 글 한 줄이라도 썼는데…. 그때 비하면 지금은 앞산 뒷산을 마음대로 달리듯 걸을 수 있으면서도 날마다 빈손이다. 동시집을 낸 후 공치는 날이 많음을 깨달은 날부터일까? 심지어 소화불량 설사까지 겪고 있다.

내가 나를 과소비한 탓이다. 마음의 잔고는 비어 가는데 무작정 좋은 글만 쓰고 싶은 욕심이 사치였다. 날마다 누적되는 적자가 가슴을 짓누른 것이다. 마음의 파산이다.

당분간 나를 사용하지 않아야겠다.

듣기 민망한 그 말

친정어머니는 무에 그리 고맙다고 통화할 때마다 말미에 촉촉한 음성으로 고맙다는 말을 하는지. 그 말씀을 들을 때마다 나는 쥐구멍이라도 찾고 싶다.

어머니는 오래전에 지병을 얻어 한 해 한 해 살얼음판을 딛듯 살아왔다. 한창 일할 나이에 병약하여 일을 못 하니, 일손이 부족한 농사철에는 아버지의 지청구를 많이 들으며 살았다. 옆집 부골 양반은 작지만 야무진 아내를 동반하여 들판을 휘젓고 다니는데, 아버지는 혼자서 일을 해야 하니 더 힘들고 짜증이 났으리라. 농한기에는 평온한 표정으로 어머니를 대하던 아버지였지만 농번기에 들에서 돌아오면 늘 말씨가 곱지 않았다. 어머니는 죄인처럼 대꾸 한마디 못 하고 눈을 돌렸다. 그렇다고 어머니가 아무 일도 못 하는 것은 아니었다. 묵묵히 집 안에서 아내의 몫에 최선을 다했다. 그 병약한 어머니는, 힘이 장사라고 위아래 동네를 떠들썩하게 하던 아버지 떠난 지 20년이 지난 지금도 조심조심 살얼음판을 걷고 있다.

자신이 오래 살고 싶어서가 아니라, 몸 관리를 못 하면 자식들 짐이 되고, 고생을 시키게 된다며 항상 건강에 신경을 쓰며 살아온 어머니였다.

어느 날 채전에서 쭈그리고 앉아 호미로 풀을 뽑다 허리를 다쳤다. 그리 무리한 힘을 가한 것도 아니라는데 그 길로 오른쪽 다리를 쓸 수가 없게 되었다. 병원에서 한 달여 치료하였으나 별 차도가 없었다. 더는 치료할 수 없는 상태라고 했다. 시간이 지나면 차츰 나아질 수도 있다는 담당 의사의 말에 한 가닥 희망을 품을 수밖에 없었다.

어머니는 본래 4남매를 두었다. 장남은 생활력이 떨어지는 데다가 아직 미혼이고, 미덥던 막내는 스물셋 안타까운 나이에 교통사고로 잃었고, 딸은 재가한 지 얼마 되지 않고, 작은아들네도 모실 처지가 안 되니 계실 곳은 요양병원뿐이었다. 자식으로서 어떻게 말을 꺼내야 할지 난처한 상황을 어머니는 미리 헤아리고 당신이 먼저 요양병원 이야기를 꺼내었다. 세상 흐름이 그렇다지만 어머니를 집에서 모시지 못하는 마음이 무겁고 부끄러웠다. 마을의 누구네 집도 그렇고 이웃 마을 누구네 아버지도 그렇다는 이야기를 들으면서 합리화하기에 급급한 자신을 발견할 때면 매우 씁쓸하였다. 하필 재가하자마자 이런 일이 발생하였을까 영 마음이 개운치 않았다. 마음으로는 내가 어머니를 모셨으면 하지만 현실에서는 그럴 처지도 못 되니….

그래도 좋은 사람 만나 행복하게 살아갈 딸을 보며 이제 죽어도 원이 없겠다던 어머니. 당신 돌아가시기 전에 꼭 행복하게 사는 모습 보여드리리라 다짐했던 일이 결실을 보게 되어 얼마나 감사하고 뿌듯했던가. 매일 찾아가서 몸 상태는 어떤지, 마음은 어떤지, 눈으로 확인하고 싶지만, 기껏 매일 전화 드리는 일이 다였다. 해가 뉘엿뉘엿 질 무렵, 병원의 저녁 식사 시간이 끝난 후 전화를 한다. 오전에 의사 선생님이 회진하며 무어라 했는지부터 시작해서 아침 점심 저녁 반찬은 무엇이었는지, 맛은 있었는지, 식사 후 운동은 하였는지, 오늘은 혹 반가운 어떤 사람이 찾아왔는지, 병실의 다른 환자들과는 어떤 일이 있었는지.

팔순을 넘긴 어머니는 가끔 어제 한 말씀을 또 처음인 양 하지만 나도 처음 듣는 말씀인 양 들어야 한다. 행여 어제 들었다거나, 이미 한 말이라고 하면 금세 힘이 빠지고 목소리가 토라진다. 하는 말씀 중에 같은 병실에 있는 사람들이 항상 맛있는 것들을 나누어 주어 신세를 많이 지고 있다는 말씀이 주를 이룬다.

한참 수다를 떨고 통화를 마칠 때마다 어머니는 고맙다는 말을 빼놓지 않는다. 무엇이 고맙다는 말인가? 자식으로서 따뜻한 집에서 직접 모시지 못하고 기관의 힘을 빌려 모셔 놓고 자기 마음 편해

지자고 전화 드리는 것을 아는지 모르는지. 그 말씀을 듣기가 너무 거북하다. 오늘은 제발 그 말씀을 하지 않기를 바라면서 전화를 건다.

"엄마, 오늘도 잘 지냈어요?"

"그려. 내 걱정은 허지 말고 너 건강허게 잘 지내라잉, 고맙다."

십승지 몽유부안도

화선지의 그림을 책자에 옮긴 도록이다. 내 고향 곳곳의 이야기와 정겨운 모습이 담긴 160쪽 분량의 묵직한 고향이 아련하다.

지난 시월 초 인사동 아트센터 전북관에서 홍성모 화백의 전시회가 있었다. 홍 화백님은 나와 일면식도 없다. 지인의 페이스북 친구여서 페이스북을 통해서만 뵙다가 우연한 기회에 나와도 페이스북 친구가 되었다. 내가 아는 또 다른 지인과 동창생임을 화백님의 페북을 통해 알게 되면서 내심 친근감을 느끼고 있을 뿐이다.

그분의 페북을 보면 어떤 글을 쓰든 '나의 고향은 부안입니다.'로 첫 줄을 시작한다. 그렇게 18번 노래처럼 고향을 자랑스럽게 말하는 사람을 본 적이 없어서 눈길을 끌었다. 서울에서 살면서 주말이면 고향 곰소에 내려가 열악한 환경에서도 부안의 실경 작업을 한다는 말에도 그저 창작 의욕이 남다른가 보다 했다. 한데 얼마 전 '해원부안사계도海苑扶安四季圖'를 부안군 청사에 기증했다는 소식을 듣고 동향 사람으로서 그의 애향심을 존경하게 되었다.

그러던 차 접한 전시회 개막 소식이니 그림에 문외한이지만 고향 선배님이기도 하고 내 고향 부안의 구석구석을 한자리에서 볼 수 있다는 기대와 설렘이 있었다. 그러나 예기치 않은 몸 상태 난조로 전시회 관람은 무산되고 말았다. 그렇게 전시회에 가보지 못한 아쉬움을 달래던 중 화백님으로부터 도록 보낼 주소를 알려달라는 쪽지가 왔다. 전시회에 가지도 못한 나까지 챙겨주시는 마음에 황송했지만, 내 고향 부안을 담은 도록이 내심 욕심이 나던 터였다. 염치 불고하고 졸저를 보내드리겠노라는 궁색한 약속과 함께 주소를 남겼다. 그리고 아침저녁 우편함을 들여다보며 기다린 끝에 드디어 반가운 고향을 받아들었다.

테이프로 꼼꼼하게 봉해진 봉투를 조심스럽게 뜯었다. 행여 칼날이 잘못 움직여 도록에 상처를 입히지 않도록 칼끝에 정신을 집중했다. 배달되어 온 책을 개봉하면서 이렇게 정성을 들이기는 처음이다. 그간 내 손에서 아무렇게나 뜯겨나간 수많은 수필집과 시집들을 감쌌던 봉투에 새삼 미안한 생각이 든다. 그 책들도 나름 귀한 존재들이었는데 타성에 젖어 홀대한 것만 같다. 심혈을 기울인 끝에 드러난 책은 말 그대로 예술작품이다.

화백님과 『십승지 몽유부안도』는 그렇게 나를 유혹했다. 외출에서 돌아와 몇 시간째 대화 중이다. 남편은 동창 모임에 갔고, 아이들도 주말이라 외출 중이다. 다른 때 같으면 외출 후 지친 몸을 챙기느라 씻고 침대에 드러누워 휴식을 취하고 있을 시간인데 지금은 너무도 말짱하다. 이 기운은 어디서 오는 것인가.

수필집 두 배 크기에 재질도 고급스럽고 완전 천연색에 그림과 산문으로 버무려진 책을 손에서 놓을 수가 없다. 앞부분에 실린 다양한 계층의 쟁쟁한 분들 추천사와 축사가 겉으로만 알았던 화백님의 내면을 알게 할 뿐 아니라 그간 성실하게 열정적으로 살아온 그분의 삶을 보는 듯하다.

'화가가 글까지 잘 써도 되는 거야?' 은근히 질투도 난다. 도록을 넘길수록 감탄과 감동이 파도처럼 일렁인다. 단지 고향을 그린 그림만이 아니다. 김상철 동덕여대 교수의 추천사에 기록된 것처럼 쇠락해버린 옛것들에 관한 관심과 애정 그리고 그의 시선은 구석진 곳에 방치되어 잊혀가는 갖가지 사물들과 풍경들을 섬세한 감성으로 채집하여 기록하고 그렸다. 단순한 그림이 아니다. 부안 곳곳을 답사하고 촌로들의 이야기를 채록하고 그들 삶을 더듬으며 더불어 공감하고 함께 탄식하며 어슴푸레해진 기억의 조각들을 모아 기록한 역사서다.

책장을 넘길수록 진솔한 생의 스케치가 현장감을 더한다. 거기에 더해 역사적 내용과 감상을 곁들여 쓴 산문을 읽으니 그림들이 편안하게 가슴으로 들어왔다. 부안군 청사에 기증한 '해원부안사계도海苑扶安四季圖'에 이르러서는 숨이 멎는 것 같았다. 그 대작을 완성하기 위해 쏟아부은 시간과 정성이 느껴졌다. 췌장염까지 앓았다는 내용을 읽으면서는 경이롭기까지 했다. 특히 단원 김홍도가 쉬이 길을 나설 수 없는 왕을 위해 금강산과 칠보산을 그렸듯이 고향 분들을 왕이라 여기며 그림을 그렸다는 내용에서는 가슴이 더욱 뜨거워졌다.

어릴 적부터 30대 초반까지 부안에서 살았으니 화백님 화폭에 옮겨 놓은 곳곳이 눈에 익은 풍경들이다. 그러나 부사의방장이나 부안의 배꼽, 위도의 여러 곳 또 계절의 변화가 담긴 장면 장면들 앞에서는 꿈속인 듯 푹 빠질 것 같다. 눈에 익은 풍경은 기억의 소산이다. 손에 잡힐 듯한 풍경 가운데「황토밭(주산)」을 만났다. 붉은 황토밭을 배경으로 한 주산 풍경에서 고구마를 먹으며 보낸 어린 시절이 손에 잡힐 듯 펼쳐진다.

유년의 겨울은 윗목에 통가리가 자리하면서 시작됐다. 옥수숫대나 대나무 쪽으로 엮은 통가리. 그 통가리에 고구마를 천장에 닿도록 담아놓고 시리고 긴 겨울을 보냈다. 점심이면 고구마를 식구 숫자에 맞춰 쪄서 한 끼를 해결했다. 투정은커녕 꿀맛으로 먹던 그 긴 겨울, 배는 고팠지만 지금 생각하면 가슴에 온기로 남아 있는 행복하던 시절이었다. 그것이 저 황토밭이 길러낸 맛이다.

예술 작품은 작가의 삶과 무관하지 않기에 작가가 본인의 고향을 무대로 창작한 작품을 흔히 볼 수 있다. 그러나 이렇듯 많은 고난을 감수하고 수많은 시간을 투자하고 치열한 과정을 거쳐 고향의 숨결까지 작품으로 형상화하기는 쉽지 않을 터이다. 그림 90여 점이, 그 그림에 담긴 많은 이야기가 온통 내 고향 부안을 품고 있다.

나는 부안의 바람과 햇빛과 토양을 먹고 자란 사람이다. 나를 키운 고향, 어느 한순간이라도 나는 부안 일부가 되어 그곳에 풍경으로 서본 적 있었던가 돌아본다. 부끄럽고 미안하다. 홍성모 화백님만큼은 아니더라도 적어도 글을 쓰는 사람으로서 내 고향의 형상과 숨결을 널리 알릴 수 있는 작품을 쓰는 일에 좀더 마음을 써야겠다는 다짐이 『십승지 몽유부안도』를 품는다.